Judith Butler zur Einführung

Hannelore Bublitz

Judith Butler zur Einführung

JUNIUS

Junius Verlag GmbH
Stresemannstraße 375
22761 Hamburg
Im Internet: www.junius-verlag.de

© 2002 by Junius Verlag GmbH
Alle Rechte vorbehalten
Umschlaggestaltung: Florian Zietz
Titelfoto: Jerry Bauer
Satz: Druckhaus Dresden
Druck: Druckhaus Dresden
Printed in Germany 2005
2., ergänzte Auflage 2005
ISBN 3-88506-359-X
(Zur Einführung ; 259)

Bibliografische Information Der Deutschen Bibliothek
Die Deutsche Bibliothek verzeichnet diese Publikation in der
Deutschen Nationalbibliografie; detaillierte bibliografische Daten
sind im Internet über ›http://dnb.ddb.de‹ abrufbar.

Inhalt

1. Einleitung: Butlers Position im Spektrum poststrukturalistischer Theorie

Eine Einführung in die Theorie Judith Butlers sieht sich mit der Aufgabe konfrontiert, ein sehr komplexes Theorieprojekt so zu vermitteln, dass es sich auch dann erschließt, wenn man nicht über die einschlägigen Vorkenntnisse verfügt. Dies lässt sich am ehesten bewerkstelligen, wenn man zunächst die Grundzüge ihres Denkens offen legt.

Unter Rekurs auf die entsprechenden Theoreme lassen sich zentrale Begriffe wie Diskurs, Dekonstruktion, Performativität, Materialität, auf die Butler zurückgreift, im Spektrum poststrukturalistischer Theorie und damit auf einem angemessenen Niveau klären. Auf diese Weise gelingt es nicht nur, Licht in das Dunkel der grundbegrifflichen Voraussetzungen dieser schwierigen Theorie zu bringen. Vielmehr verspricht dieses Verfahren auch Hinweise darauf, gegen welche lieb gewordenen Denkgewohnheiten sie sich richtet und was ihre Rezeption so schwierig und kontrovers macht. Wie keine andere Autorin der letzten Jahre hat Butler eine Diskussion ausgelöst, die durch ihren radikalen Gestus mehr als andere provoziert, aber auch fasziniert hat. Ihre Wirkung reicht in die unterschiedlichsten Gebiete hinein: Nicht nur in akademischen Debatten werden lang tradierte Grundannahmen diskutiert und neu bestimmt, werden Kategorien und festgelegte Vorstellungen wie das Denken in Kategorien des Körpers und der Identität neu überdacht. Auch lebensweltliche und politische Kontexte haben durch die von Butler angeregte Diskussion neuen Stoff erhalten und zu einer Auseinandersetzung und Auflösung von Kategorien wie der Identitätskategorie geführt. In der Verknüpfung von theoretischen und praktisch-philosophischen Perspektiven mit Politik schreibt sich Butler, ähnlich wie der französische Philosoph Michel Foucault, in eine »Politik der Wahrheit«[1] ein, die in kritischer Perspektive über die Historizität und die Wahrheitswirkungen von Sprache und Diskurs aufklärt.

Butlers Anliegen kreist um die Verschränkung von Subjekt und Macht, von Physischem und Diskursivem in der »Materialität des Körpers«. Macht nimmt hier ganz offensichtlich materielle Dimensionen an. Denn, so Butler: »Materialität ist die unkenntlich gewordene Wirkung der Macht.« (KvG: 332)[2] Diese schwierige Denkfigur der Materialisierung lässt sich auflösen, wenn man die sprach- und diskurstheoretischen Grundlagen klärt, die ihr zugrunde liegen. Butlers Theorie greift auf die diskurstheoretische Annahme der Wirkmächtigkeit von Diskursen und auf das Theorem der performativen Kraft von Sprache zurück, die sie von Michel Foucault und John Austin entlehnt. Foucault und Butler gemeinsam ist die Auffassung, dass die Produktivität diskursiver und sprachlicher Macht das fundamentale Konstruktionsprinzip von Wirklichkeit ist.

Unter Bezugnahme auf diese Positionen geht Butler davon aus, dass der Körper nicht unabhängig von seiner kulturellen Form existiert. Vielmehr erscheint er in seiner »Natürlichkeit« als etwas Normatives, das nicht losgelöst von seiner diskursiv-symbolischen Form existiert und wahrgenommen werden kann. Butler vertritt – mit Aristoteles – die Auffassung, dass »Materie nie ohne ihr *schema* auftritt«, also immer an eine kulturelle Form ihrer Wahrnehmbarkeit gebunden ist, die zugleich konstitutiv ist für die Materie selbst, was bedeutet, dass »das Prinzip ihrer Erkennbarkeit [...] von dem, was ihre Materie konstituiert, nicht ablösbar ist« (KvG: 57).[3] Die immer schon kulturell-symbolische Form des Körpers unterliegt Grenzziehungen, Verwerfungen und Ausschließungen. Dies macht Butler deutlich am »biologischen« Geschlecht des Geschlechtskörpers: Es konstituiert sich als »reglementierendes Ideal«. Was wir als Natur zu denken gewohnt sind, unterliegt nicht nur kulturellen Normen, sondern einer »regulierenden Praxis, die die Körper herstellt, die sie beherrscht«, und die »sich als eine Art produktive Macht erweist, als Macht, die von ihr kontrollierten Körper zu produzieren – sie abzugrenzen, zirkulieren zu lassen und zu differenzieren« (KvG: 21). Butler problematisiert diesen Vorgang, der dem Körper als »idealem Konstrukt« innewohnt und ihm erst eine – soziale – Existenz verschafft. Sie entziffert ihn als Zwang, als erzwungene Materialisierung eines »regulativen Ideals«. Schon der bloß physische Körper beruht demnach auf der Materialisierung[4] normativer Ideale, erweckt aber den Eindruck des Natürlichen und Naturgegebenen. Erfolgreiche Macht bemisst sich daran, dass sie ihren Gegenstand in eine für selbstverständlich und natürlich gehaltene Ontologie, Natursubstanz und Wesenseigenschaft verwandelt. Butler spürt diesem Augenschein der Naturhaftigkeit des Körpers nach und rekonstruiert ihn als Wirkung einer Macht, die den Körper in seiner stofflichen Materialität erst hervorbringt und formt. Der Körper erscheint so nicht als Naturressource von Mensch und Gesellschaft, sondern als von Anfang an vergesellschaftete, einer sozialen Norm unterworfene körperliche Materialität.

Auch die »Materialität« der Psyche als reflexive Instanz des Subjekts entsteht im Zusammenspiel von diskursiven Macht- und Subjektivierungsstrategien. Die Psyche als Ort der Verankerung des Sozialen *im* Subjekt ist zugleich die Instanz, die Körper und Macht aneinander bindet. (Vgl. PdM) Butler unternimmt den Versuch, die Macht- und Subjekttheorie des französischen Theoretikers Michel Foucault mit einer Theorie psychischer Prozesse zu verbinden, die die Machtförmigkeit der psychischen Topographie in Rechnung stellt; ein Projekt, dem, so Butler, sowohl die foucaultsche wie die psychoanalytische Orthodoxie bisher ausgewichen sind. (Vgl. PdM: 8)

Macht ist demnach zugleich Unterwerfungs- und Erzeugungsprinzip von körperlicher Materie und psychischer Struktur. Im Rückgriff auf Foucault geht Butler davon aus, dass Körper ebenso wie Subjekte durch Machtoperationen erzeugt und geformt werden. Entwurf, Herstellung und Unterwerfung – der Materialität und Körperlichkeit – des Subjekts bilden *einen* Vorgang. Anders ausgedrückt: Machtoperationen erzeugen Subjekte, indem sie vor allem ihren Körper der Macht unterwerfen. Es handelt sich um eine Machtform, die Subjektbildung und Unterwerfung nicht unterscheidet. (Vgl. PdM: 34)

Gegen alle Kritik hält Butler beharrlich an der Vorstellung fest, Körper seien irgendwie *konstruiert*. Damit nimmt sie eine *radikal konstruktivistische* Position ein, die scheinbar feststehende Kategorien ins Wanken bringt. Der Körper existiert, entgegen dem Alltagsverständnis, nicht als Natur, die kulturellen Einwirkungen vorausgeht. Butler versteht ihn vielmehr als vollständig von kulturellen Diskursen erzeugte und von der Macht durchdrungene Materie. Er entsteht, wie Butler im Anschluss an Foucault annimmt, unter Zwang und als »wiederholbare Materialität«, d.h. als Performanz. Damit wird der Mensch mit seinem Körper nicht nur in den Rahmen bestimmter Körpertechniken und -technologien gezwängt, sondern auch zum Ort subversiver Strategien. Denn: Performanz als *ständige Wiederholung von Normen* verweist darauf, dass »die Körper sich nie völlig den Normen fügen« (KvG: 21).

Damit wird die fundierende Rolle, die der physische Körper als Bezugspunkt für soziale Prozesse der Einordnung, der Klassifikation und der Unterscheidung einnimmt, infrage gestellt. Als

Ort der Einschreibung historischer Eindrücke wird selbst der physische Körper zur Diskursstelle einer politischen Machtgeschichte. Dies ist aber aus diskurstheoretischer Sicht keine Geschichte der Ereignisse, die an ihm, dem »eigentlichen«, unversehrten Körper Spuren der Einschreibung hinterlassen. Es handelt sich vielmehr um eine Geschichte, in der der Körper als Kulturkörper erst hervorgebracht wird. Der Körper wird in Übereinstimmung mit einem Naturbegriff gebracht, der kulturell entworfen wird und als Natur erscheint.

Wie kommt es nun zu dieser paradigmatischen Bedeutung des physischen Körpers im Denken Butlers, wie sie auch andere poststrukturalistische und diskurstheoretische Ansätze annehmen? Worin ist das – gar nicht so neue – Interesse am Körper begründet, das die Sprach- und Leibphilosophie mit den Kultur- und Geschichtswissenschaften teilen? Bildet nicht der Körper als »das Andere der Vernunft«[5] jenen verdrängten Teil abendländischer Rationalität, der in einer eher »unterirdischen Geschichte«[6] angesiedelt ist? Gilt er der abendländischen Kultur, insbesondere der cartesischen Bewusstseinsphilosophie, nicht als dasjenige, von dem sich der Geist im »Prozess der Zivilisation« (Elias) immer stärker distanziert?

Das neuzeitliche Programm des Vernunftgebrauchs orientiert sich nicht nur an der Entgegensetzung von Natur und Kultur, sondern auch an Naturbeherrschung. Auch der Körper zählt zur Natur. Insofern der menschliche Körper in das Programm der Bemächtigung einbezogen ist, erscheint er als Stützpunkt und Scharnier gesellschaftlicher Ermächtigungs- und Disziplinierungsprozesse wie auch als Hülle einer in ihm verborgenen Wahrheit. Er ist Gegenstand einer Kartographierung, die ihn, wie eine Landkarte, in Körperzonen und Funktionssysteme aufteilt. Effekt seiner apparativen Anordnung ist die »Produktion wirklicher Körper«[7], die als physiologische Grundlage und »Ein-

11

schreibefläche« kultureller Disziplinaranordnungen eine privilegierte Stellung im Wissensraum des Menschen einnehmen. Versuchsanordnungen unterworfen und vermessen, wird er zur humanwissenschaftlichen Variable wirtschaftlicher, sozialer und politischer Kontexte: Effektive Arbeitsleistung, Rassen- und Geschlechtszugehörigkeit, nicht zuletzt die Differenz von Rasse und Geschlecht werden physiologisch an ihm gemessen. Der Körper und seine ihm innewohnende Logik werden zum Instrument und zum Kern wissenschaftlicher Deutungen der Moderne.[8] An ihm zeigen sich – vermittelt über das Auge, den Blick, die normierte Wahrnehmung und die Sprache[9] – nicht nur die »Wahrheit« der »Rasse« und die des Geschlechts, sondern auch die der Kultur und der Gesellschaft. Der Körper ist so das Ergebnis einer Macht, die in umfassender Weise die »Biologisierung von Mensch und Gesellschaft« bewirkt.[10] Die Anatomie des Körpers steigt in diesem Kontext auf zur »politischen Ökonomie« und »Anatomie des menschlichen Körpers«[11]. Dabei richtet sich die Macht wesentlich »auf die Körper und [...] auf das, was diese tun«[12]. Den Zusammenhalt des sozialen Körpers gewährleistet demnach eine Ökonomie der Macht, die auf besonderen (Mess-)Verfahren der Humanwissenschaften und gesellschaftlichen Disziplinierungs- und Kontrolltechniken beruht. Körpertechniken sind also nicht natürlich, sondern Teil der Kultur.[13] Sie nehmen Weltbildcharakter an: der Körper des Königs, das Modell des Leviathans als Modell des künstlichen Menschen, als Staatskörper, »dessen Bürger den Körper abgeben und dessen Seele der Souverän ist«[14]. Der Volks- und Gesellschaftskörper sind ebenso Teil einer politischen Geschichte wie der Körper des Individuums.[15]

Hier ist die Schnittstelle, an der Butlers Theorie greift: Ihr Augenmerk richtet sich auf die Materialität des Körpers als vollkommen uneindeutiges und uneinheitliches Maß und als keineswegs natürlicher Grund aller Dinge, aber auch als Instrument der Unterwerfung unter eine soziale Ordnung. Wie Foucault geht Butler davon aus, dass der anatomische Körper vollständig politisch besetzt ist. Er wird zum Einsatz im Machtspiel. Butlers These lautet (im Anschluss an die Theorie Monique Wittigs), dass der Körper weder unveränderlich noch natürlich ist, sondern einen spezifischen politischen Einsatz der Kategorie Natur darstellt. Diese These und die Auffassung, dass Wissen und Macht in der Sprache, im Diskurs zusammenwirken, erfordern »eine Form der kritischen Untersuchung, die Foucault im Anschluß an Nietzsche als ›Genealogie‹ bezeichnet hat« (UG: 9). Die genealogische Kritik erforscht die politischen Einsätze, die auf dem Spiel stehen, wenn Identitätskategorien als Ursprung und Ursache bezeichnet werden, obgleich sie Effekte von Macht, von Institutionen und Verfahrensweisen sind.

In der Verkörperung gesellschaftlicher Normen und Konventionen vermutet Butler das Zusammenspiel von Körper und Macht. Sie fragt sich, wie es zu der hervorragenden Bedeutung des *einen* Körpers, der andere ausschließt, kommt. Ihr Denken kreist um die Frage, wie es der Macht gelingt, den Eindruck zu erwecken, es handle sich beim Körper um eine biologische Voraussetzung gesellschaftlicher und politischer Prozesse, und sie nimmt an, dass die Antwort auf diese Frage in den Kategorien unseres Denkens selbst liegt. Gegenstand des Theorieprogramms von Butler sind daher wissenschaftliche Kategorien und Begriffe, aus denen Vorstellungen vom unwandelbaren Wesen der Menschen – als bestimmende Subjekte von Geschichte und authentische Identitäten – hervorgehen. Damit schreibt Butler sich in den Zusammenhang von Theoriepositionen des Poststrukturalismus und des Dekonstruktivismus ein, deren Vertreter, Foucault und Jacques Derrida, neue Denkansätze entwickelt haben. Sie teilt nämlich, in der Ablehnung subjekttheoretischer und bewusstseinsphilosophischer Auffassungen, mit diesen die Skepsis gegenüber der Idee, dass das menschliche Subjekt Urheber und Schöpfer aller Dinge ist. Das heißt nicht, das Subjekt überhaupt zu verneinen oder abzuschaffen. Vielmehr geht es ihr wie einem Großteil der als »postmodern« etikettierten Denkrichtungen darum, das Subjekt, wie auch den Körper, aus seinem »metaphysischen Gehäuse« (KoG: 52) zu befreien, ihm seinen überhistorischen und einzigartigen Stellenwert zu nehmen.[16]

Gleichzeitig lehnt Butler es ab, *einer* postmodernen oder poststrukturalistischen Position zugeschrieben zu werden, weil damit die Unterschiede zwischen verschiedenen theoretischen Positionen verwischt werden. Mit diesem Einwand wendet sie sich gegen einen Gestus der »Begriffsherrschaft«, der ihrer Auffassung nach widersprüchliche Positionen vereinheitlicht. Dennoch ist auch ihre eigene Theorie von dieser Macht, die die Begriffe durchdringt – so lautet ja eine These Butlers –, nicht frei. Gerade im Rückgriff auf ein Spektrum von Positionen ist es möglich, die Prämissen ihrer Theorie als hinterfragbare, als anfechtbare Annahmen der kritischen Rezeption zu öffnen. Der Anspruch dieser Einführung ist es daher, über das Nachzeichnen der Konturen, der grundlegenden Begriffe und Argumentationslinien der Theorie Butlers hinaus ihre Eigenwilligkeit und darin eben auch ihre Ausschließungen sichtbar zu machen.

Im Wesentlichen lässt sich Butlers Theorie um drei Komplexe herum anordnen, die inhaltlich voneinander abzugrenzen sind: 1. Butlers Theorieprogramm und seine sprachphilosophischen und diskurstheoretischen Grundannahmen, -begriffe und -bezüge. Hier erfolgt die eingehende Erörterung ihrer theoretischen Gedankengänge. Insbesondere ihre Bezüge auf Theoretiker wie Foucault, Austin, Derrida, Althusser sowie Nietzsche und Freud werden im Kontext ihres Werks umrissen. In der Rückführung der Grenzziehungen und Ausschließungen nicht lebbarer und nicht gelebter Körper auf die Wirkung von Diskurs- und Macht-verhältnissen wird zugleich die politische Dimension im Denken Butlers sichtbar. 2. Die genuin feministische Theorie. Hier geht es darum, zentrale Strukturen des Denkens der Zweigeschlechtlichkeit und deren normierende Wirkungen vorzustellen. Darüber hinaus erfolgt hier die Verortung Butlers im Feld der Geschlechterforschung. 3. Butlers Kritik am Identitäts- und Subjektbegriff und an einer normativen Heterosexualität mündet in politische Strategien, mit denen der Verdinglichung – des Geschlechts – entgegengewirkt werden soll. Im Anschluss an die vorangegangenen Kapitel sollen sowohl der epistemologische Schlüssel politischer Strategien als auch die (sexual-)politischen Implikationen der Theorie Butlers dargestellt werden. In der Darstellung subjekttheoretischer Annahmen werden Dimensionen einer performativen Macht sichtbar, die im Zugleich von Unterwerfung und Subjektbildung subversive Strategien der Unterminierung eröffnen.

Schließlich werden die Grenzen des butlerschen Ansatzes skizziert. Dabei stellt sich die Frage, ob sie mit ihrer sprachtheoretischen Analyse hinter die historische Genealogie Foucaults zurückfällt, an der sie sich orientiert. Gegen eine abschließende Beantwortung dieser Frage spricht allerdings, dass Butlers Werk »work in progress« ist, dem notwendigerweise eine gewisse Vorläufigkeit und Korrigierbarkeit eigen ist, was sich im expliziten Eingehen Butlers auf die unterschiedlichen Lesarten zeigt. Daher wird ihr durch die Eröffnung eines aktuellen Dialogs die Möglichkeit gegeben, durch erneute Verschiebungen verfestigten Rezeptionsweisen entgegenzuwirken.

2. Butlers sprach- und diskurstheoretisches Programm

Der Aufbau ihres Werkes

Ähnlich wie Foucault stellt Butler die Frage nach dem Verhältnis von Subjekt, Körper und Macht. Bereits in ihren frühen Schriften hinterfragt sie die Identitätslogik eines transzendental begründeten und kohärent gedachten Subjekts, die das moderne Subjektdenken dominiert.[17] An dieser Dekonstruktion eines mit sich identischen Subjekts entzündet sich eine erste Welle der Kritik an Butler. Mit ihrer Fixierung auf die für ihre Theorie zentrale These der Performativität der Diskurse und des Diskursiven unterscheide Butler nicht zwischen Sprache und Praktik und sei daher in ihrer Zentrierung auf eine sprachlich-diskursive Subjektbildung hermetisch.[18] Diese Kritik richtet sich im Übrigen auch gegen Foucaults Machtbegriff, insofern er kein Außen oder Jenseits der Macht annimmt. Butler übernimmt diese Sichtweise der Macht von Foucault in radikal konstruktivistischer Form. Ihre Theorie spannt den Bogen von der Dekonstruktion eines als fiktiv erkannten, mit sich identischen Subjekts, wie es Hegel in seiner Subjektkonzeption entwirft, zur Frage der (Gefühls-)Bindungen, die das Subjekt mit der Macht, durch die es gebildet wird, eingeht und die es auf sich zurück- und gegen sich wendet. Diese Subjektkonzeption verdankt sich einer bestimmten Lesart Hegels, vor allem aber ihrer Bezugnahme auf Foucault, Nietzsche, Althusser und Freud. Anders als bei Foucault richtet sich Butlers Augenmerk nicht auf alternative Formen der Selbstbeziehung und eine Ethik der Widerständigkeit und Lebenskunst, sondern auf die – ambivalente – Struktur der Macht im Subjekt als Ausgangspunkt für dessen sprachliche Einmischung in die hegemoniale Kraft vorgegebener Strukturen und deren Re- und Neuartikulation. Ausgehend von der hegelianischen Denkfigur eines mit sich identischen Subjekts über Foucaults nachhegelianische Auffassung des Subjekts als Wirkung von Diskurs- und Machtbeziehungen gilt Butlers Interesse der Subjektivierung als paradoxer Machtform und der innerpsychischen Repräsentanz diskursiver Macht.

Zunächst widmet sie sich im Rahmen ihrer Doktorarbeit *Subjects of Desire* (SoD), die nicht ins Deutsche übersetzt wurde und in der deutschsprachigen Rezeption ihrer Theorie auch keine nennenswerte Rolle spielte, ganz dem hegelianischen Denken in der französischen Philosophie des 20. Jahrhunderts, besonders bei Kojève, Hippolyte und Sartre. Poststrukturalistische Theorie war zu dieser Zeit in ihrer Rezeption der kontinentalen philosophischen Tradition noch nicht oder nur von untergeordneter Bedeutung. In den Siebzigerjahren studiert Butler Hegel und die deutsche Philosophie bei Dieter Henrich und Hans-Georg Gadamer in Heidelberg. Später, in den frühen Achtzigern, dann Marx, Heidegger und Kierkegaard. Die Rekonstruktion der Bedeutung, die dem Begehren in Hegels Subjekttheorie zukommt, steht ganz im Zeichen der Auseinandersetzung mit dem deutschen Idealismus, der Phänomenologie und der Frankfurter Schule.

In ihrer nicht nur im deutschsprachigen Raum als beunruhigend empfundenen und kontrovers diskutierten Schrift *Das Unbehagen der Geschlechter* (UG) wendet sich Butler dann der Relevanz des Biologischen bei der Determinierung der Geschlechtsidentität, der technologisch-diskursiven Erzeugung biologischer Körper als Geschlechtskörper und der immer wiederkehrenden Einsetzung der heterosexuellen Zwangsordnung der Gesellschaft zu, die sich, so ihre Diagnose, den (Geschlechts-) Subjekten normierend als Matrix auferlegt. Hier greift sie auch die Denkfigur des Begehrenssubjekts wieder auf und behandelt die diskursive Produktion des Begehrens als Problem einer erzwungenen, heterosexuellen Begehrensorientierung und der damit verbundenen Geschlechterkonstruktion. Ihre Kritik an der Sex-gender-Unterscheidung, wonach eine Geschlechtsidentität auf einer biologischen Differenz der Geschlechter beruht, spitzt sich auf die These zu, dass Subjekte auch in ihrer körperlich-materiellen Geschlechtlichkeit performativ, und das heißt bei Butler, durch zitatförmige Wiederholung einer diskursiven Ordnung, erzeugt werden. Mit der Infragestellung einer vordiskursiven und vorsymbolischen Materialität des Körpers und der Rekonstruktion seiner normativen Herstellung richtet sie sich gegen jedes metaphysische Ursprungsdenken, das sich in Wesens- und Seinskategorien artikuliert. Stattdessen fragt sie nach den Machtmechanismen, die bestimmen, welche Körper und Lebensformen in einer Gesellschaft *von Gewicht* sind und wie diese produziert werden. Nach der Dekonstruktion der Vorstellung eines in sich kohärenten Subjekts und eines naturhaft vorausgesetzten Körpers widmet sie sich der Frage, wie sich Körper und Subjekt als Wirkung von Macht bilden.

In *Haß spricht* (HS) erweitert Butler ihre theoretische und politische Perspektive zu einer »Politik des Performativen«: Zentral ist hier die performative Kraft der Sprache nicht nur in ihrer konstitutiven Funktion für das Körperschema und das Subjekt, sondern auch in ihrer politischen Bedeutung der Reartikulation verworfener Körperbilder und Subjektivierungsweisen. Das Subjekt formiert sich Butlers sprachtheoretischem Programm zufolge in und durch Sprache. Gleichzeitig verfügt es über die Möglichkeit der Zurückweisung normativer Zuschreibungen und Verletzungen.

In *Psyche der Macht* wendet sie sich erneut der Subjektbildung und der Frage der innerpsychischen Struktur der Macht im Subjekt zu. Im Anschluss an Foucaults diskurs- und machttheoretische Subjektkonzeption geht Butler nicht nur davon aus, dass das Verhältnis von Subjekt und Macht das einer primären, fundamentalen Abhängigkeit ist, das, aufgrund der Wirkmächtigkeit von Diskursen, im Entwurf und Prozess der Subjektbildung zugleich die Unterwerfung des Subjekts unter die Macht einschließt. Vielmehr geht sie, in kritischer Auseinandersetzung mit verschiedenen Theorien der Subjektivierung und Subjektbildung, dem bereits in die Entstehungsgeschichte des Subjekts eingeschriebenen engen Zusammenhang von Psyche und Macht nach. In der Inauguration des Menschen als gesellschaftliches Wesen wird so ein Subjekt sichtbar, das sich der Verankerung des Sozialen in der Psyche (als Ort der primären Objektbeziehungen und der Gewissensbildung) verdankt. Die Macht befindet sich demnach genau dort, wo das Subjekt sich authentisch und souverän wähnt, nämlich im Bereich des – moralischen – Bewusstseins und der Selbstreflexion. Moral erscheint bei Butler, wie schon bei Nietzsche, als bestimmte Art der Gewalt, die das Subjekt als Kultursubjekt begründet und es als reflexives Wesen moralischen Maßstäben eines sozialen Gewissens unterwirft.

Gleichzeitig schlägt sie aber auch eine gegen die Macht gerichtete Interpretation der Handlungsfähigkeit des Subjekts vor, die sie in der Auseinandersetzung mit Hegels »Theorie des unglücklichen Bewusstseins«[19] und mit nachhegelianischen Subjektivierungskonzepten, wie denen von Nietzsche, Freud, Althusser und Foucault, entwickelt. Hier wird deutlich, dass und wie das Subjekt gesellschaftliche Subjektentwürfe in seiner Konstitution partiell umschreibt und damit begrenzte Formen der Sozialität erweitert.

Die produktive Macht des Wortes

Butlers Theorieprojekt ist zentriert um die Vorstellung, dass Worte von der Macht durchdrungen sind und die Macht haben, Dinge wie den biologischen Körper aus der begrifflichen Substanz heraus zu fertigen. Ein zentraler Aspekt ist daher die Infragestellung des Materiekonzepts und des Körpers als vorgängiger Voraussetzungen der Zeichen und der Sprache, der diskursiven und symbolischen Bedeutungen. Die Frage ist, wie die Materialität des Körpers erzeugt wird und welchen Körpern Gewicht beigemessen wird und warum. Dabei ist die zugrunde liegende Annahme, dass Diskurse – vermittelt durch performative Sprechakte – körperliche Gestalt annehmen. Die Begriffe »Materialisierung« und »Performativität« dienen zur Erklärung dieses Vorgangs.

Die Vieldeutigkeit und fast willkürliche Anwendbarkeit des Performanzbegriffs haben dazu beigetragen, dass er zu einem Leitbegriff geworden ist. Diese Konjunktur des Begriffs verstellt jedoch den Blick auf seine je nach Disziplin unterschiedlichen Bedeutungen.

So bezieht sich der Begriff der Performanz in der Sprachphilosophie durchaus auf etwas anderes als etwa in der Ethnologie, der Kultur-, Theater- und Medienwissenschaft. Verweist er dort auf die sprechakttheoretischen und universalpragmatischen Geltungsansprüche von Sprache und kommunikativem Handeln, so bezeichnet er kultur- und theaterwissenschaftlich noch am ehesten das Aufführen von – theatralen oder rituellen – Handlungen, die »performance«. Damit kommt nicht nur der Aspekt der Inszenierung eines Als-ob-Verhaltens ins Spiel, dessen kulturwissenschaftliche Bedeutung darin liegt, dass sich alle Äußerungen immer auch als Inszenierungen, und das heißt: als »performances«, betrachten lassen. Kultur erhält vielmehr selbst in gewisser Weise den Status der Inszenierung sozialer Dramen. Medientheoretisch steht hingegen vor allem der Akt der Verkörperung von Botschaften im Vordergrund, der wesentlich durch die Dynamik der Reproduzierbarkeit bestimmt wird. Erst die kulturwissenschaftliche Wende des Performanzbegriffs thematisiert jedoch beide Aspekte, den der »Performanz« und der »Performativität«. Hier werden die Schnittstellen des Zusammenwirkens von »performances« und »performatives« beschrieben. Im Zusammenspiel der Verkörperung von Inszenierungen mit der »wiederholbaren Materialität« von Äußerungen und Mitteilungen wird die konstitutive Bedeutung des Performanzbegriffs sichtbar: »Performance« als Darstellung und Inszenierung erscheint so als verkörperte Erscheinungsform von performativen Sprechakten. Sie verweisen auf eine soziale und semiotische »Matrix der Macht« (KvG: 52)[20], die sowohl der Performanz (von Inszenierungen) als auch der Performativität (von Sprechakten) vorausgeht. Seine volle Bedeutung erhält der Performanzbegriff aber erst durch den Umstand, dass die Aus- oder Aufführung sich nicht auf einmalige Ereignisse bezieht, sondern kontextuell immer wieder vollzogen und in der Wiederholung verändert wird. Denn: Diskursive Ordnungen sind keine Naturgesetze; sie haben, im Gegensatz zu diesen, zwar prägenden, aber keinen determinierenden Einfluss auf individuellen Sprachgebrauch.

Die performative Wiederholung von Normen und der Verweis auf eine kulturelle Matrix bilden wesentliche Kriterien für die Verwendung des Performanzbegriffs bei Butler: Sie geht davon aus, dass der Körper durch Zeichen (der Geschlechtsidentität) markiert ist, die durch ihren Bezug auf die kulturelle Geschlechtermatrix als Imperativ gelesen werden müssen. Die performativen Akte der Verkörperung sind also nicht nur abhängig von einem dichten Netz von sozialen Beziehungen, die Äußerungen erst ihre kulturelle Autorität verleihen, sondern von der Matrix einer kulturellen Ordnung, die ihrerseits performativ durch Verkörperung reproduziert und als imperative Konvention stabilisiert wird. Erst auf diesem Hintergrund kommt es durch die Wiederholung performativer Sprechakte zur Verfestigung materieller Strukturen, mit denen der Körper schließlich als somatischer Komplex und körperlicher Habitus gebildet wird. Bereits durch geringfügige Verschiebung der Kontextbedingungen wird die kulturelle Macht von Konventionen infrage gestellt.

Butler verwendet den Begriff der Performativität im Anschluss an John L. Austin. Der Sprachphilosoph Austin führt diesen Terminus 1962 in seiner berühmt gewordenen Vorlesung *How to do things with words* ein und macht selbst darauf aufmerksam, dass es durchaus verzeihlich ist, nicht zu wissen, was das Wort »performativ« bedeutet; »es ist ein neues Wort, ein garstiges Wort und vielleicht hat es auch keine sonderlich großartige Bedeutung«. Austin bezeichnet diejenigen Sprechakte als »performative Sprechakte«, die das, was sie benennen, in Kraft setzen. Es handelt sich darum, dass Worte, anstatt etwas Reales zu beschreiben, eine »handlungsartige« Qualität besitzen. Bezeichnen und vollziehen fallen zusammen. Performative Sprechakte erzeugen demnach das, was sie bezeichnen. Sprache hat hier also wirklichkeitserzeugenden Charakter. Das gesprochene Wort nimmt den Status einer sozialen Tatsache an. Auf diese Weise wird aus der Aussage »Es ist ein Junge« oder »Es ist ein Mädchen« ein sozialer Tatbestand, der einem so bezeichneten Körper ein und nur ein Geschlecht zuordnet. Performativität erscheint als dasjenige Mittel, das, durch das wiederholte Zitieren von Normen, die Wirkung einer »wiederholbaren Materialität« erzeugt. Sie wird als sich ständig wiederholende Macht des Diskurses verstanden, Dinge hervorzubringen, die er ermöglicht, reguliert und begrenzt. Performativität kann somit nicht als vereinzelter und absichtsvoller Akt verstanden werden. Vielmehr ist sie eine sich »ständig wiederholende und zitierende Praxis, durch die der Diskurs die Wirkungen erzeugt, die er benennt« (KvG: 22). Sie verschleiert sowohl die Geschichtlichkeit einer Handlung als auch ihren Bezug auf Konventionen, deren Wiederholung sie ist. Damit wäre ein weiterer Bezugspunkt der Theorie Butlers, nämlich der der Materialisierung, angesprochen.

»Materialisierung« bezeichnet, so Butler im Anschluss an Foucault, den Vorgang der unlösbaren Verschränkung formierender Diskurse und Materie. Dieses konstitutive Verhältnis von Diskurs und Materie ist zentral für Butlers Sprachtheorie; gegen die philosophische Bestimmung von Materie und ihre Trennung von einer sie formierenden, formgebenden Vernunft weist sie, sprachphilosophisch, auf deren unlösbare Verschränkung hin: Physisches, Sprache und Diskurs sind gleichzeitig konstituiert. Diskursives trägt keiner vorgängigen Materie Rechnung, sondern ist selbst ein »Monument« der Materialität.[21] Damit verlieren Sprache und Diskurs ihren Sekundärstatus. Sie sind nicht in einer vorgängigen Ordnung der Dinge begründet, sondern bringen eine Ordnung der Dinge erst hervor und verleihen ihr den Status des Wirklichen. Diskurse konstituieren insofern eine eigene Objektivität des Sozialen, als davon ausgegangen wird, dass diskursive Praktiken sich materialisieren und damit regelgeleitete Wirklichkeiten hervorbringen. Auf diese Weise werden sie zu sozialen Tatsachen. Darin besteht ihre materialisierende Wirkung.[22]

Der diskurstheoretische Begriff der Materialisierung, wie er von Butler verwendet wird, geht, so scheint es, hinter Foucault zurück auf Hegels idealistische Bestimmung von Materie: »Materie ist hingegen nicht ein *seiendes Ding*, sondern das Sein als allgemeines oder in der Weise des Begriffs.«[23] Bei Hegel »löst« Materie sich »auf« in die reine Idee; sie ist den begrifflichen Kategorien des Denkens nicht vorgängig. Materie wird vielmehr diskursiv erzeugt. Diskurse bilden selbst auf quasi physikalische Weise ein Ding oder treten an seine Stelle.[24] Die Materialität von Sprechakten und Diskursen verweigert sich dem Entweder-oder von Materie und geistiger Form. Diskurse und performative Sprechakte sind daher mehr als nur Arten des Denkens. Diskursiv erzeugte Materialität beruht jedoch nicht, wie bei Hegel, auf der – absoluten – Wahrheit des reinen Begriffs. In ihre materialisierende Wirkung ist vielmehr, so Butler im Rückgriff auf Foucault und Nietzsche, der Wille zur Macht eingeschrieben. Butler geht es, wie Foucault, um die Entwicklung einer Grenzhaltung, die die Frage der Wahrheit als die der Verschränkung von Wissensformen und Machtverhältnissen stellt und problematisiert. Jeder Punkt der Wissensbildung ist zugleich ein Ort der Machtausübung. Wissen und Wahrheit sind an Machtwirkungen gebunden; sie bilden eine Dimension und Wirkmöglichkeit von Macht. Macht zeigt sich darin, dass etwas zum Gegenstand des Wissens wird und Wahrheitswirkungen hervorbringt. »Was als Wahrheit gilt, ist ja nichts anderes als ein diskursiver Effekt. Wahrheit ist demnach nicht irgendwie diskurs-extern vorgegeben. Sie wird jeweils erst historisch-diskursiv hervorgebracht.«[25] Macht ist hier ein »dezentriertes, regelgeleitetes Operieren mit geordneten Elementen eines übersubjektiv aufgebauten Systems«[26], als diskurs-, wirklichkeits- und wahrheitskonstituierende Macht, die »Menschen in den semantischen Rahmen einer bestimmten Weltauslegung zwängt«[27].

Diskursiv erzeugte Materialität lässt sich also zurückführen auf Machtwirkungen einer gesellschaftlichen Rationalität und Normativität. Hier verschränkt sich das Physische mit dem Diskursiven in einem Vorgang, in dem körperliche Materie Wirkung einer Machtdynamik ist und nicht zu trennen ist von den regulierenden normativen Idealen, die ihre Materialisierung beherrschen. Butler bezeichnet den Vorgang der Materialisierung als Formierung körperlicher Materialität, die diskursiv-normative Anweisungsstrukturen mit institutioneller Macht verschränkt. Sie kann auf institutionell geregelte und autorisierte Praktiken zurückgeführt werden. Durch deren Wiederholung und Zitatförmigkeit entsteht soziale Wirklichkeit.

Der diskursive »Geist« nimmt performativ körperliche Gestalt an. Das zeigt, dass Diskurse mehr sind als die bloße Bezeichnung der Dinge. Dabei folgt die Gestalt des Körpers einem historisch spezifischen »imaginären Ideal«. In seiner körperlichen Materialität verfestigt sich die produktive Macht des Diskurses zu sedimentierten, körperlichen Strukturen und Formen. Dabei liegt das Hauptgewicht in der Ausstattung des Diskurses mit Macht. Im Gegensatz zur bloßen Beschreibung von Dingen oder Zuständen wirken Begriffe, insofern sie Bestandteil performativer Äußerungen (Austin) oder regelgeleiteter Diskurse (Foucault) sind, durch die Tatsache, dass sie geäußert werden, tatsachenbildend. Diskurse sind, ebenso wie performative Sprechakte, wirkmächtig, d.h., sie schaffen soziale Wirklichkeiten. Am Beispiel der Äußerung einer Hebamme oder der Eltern, die beim Anblick eines Säuglings feststellen: »Es ist ein Mädchen!«, wird verständlich, dass es dabei nicht um eine Beschreibung oder die bloße Feststellung eines Sachverhalts geht, sondern zugleich um eine Anweisung, ein weibliches Geschlecht zu sein; darin besteht die Performativität der Aussage. Butler geht davon aus, dass solche diskursiv hervorgebrachten Sachverhalte den Körper durch (Geschlechts-)Zeichen markieren, denen Akte der Verkörperung folgen. Diese richten sich nach kulturellen Imperativen, also im Falle des Mädchens nach dem Imperativ: »Sei (oder: werde) ein Mädchen!« Mechanismen der Materialisierung sorgen dafür, dass soziale Tatsachen als natürliche Tatsachen erscheinen. Als Effekte diskursiver Praktiken und kultureller Konventionen rufen sie den Anschein hervor, dass es sich um Natur handelt, die unabhängig und vor aller Kultur existiert.

In beiden Fällen, bei performativen Sprechakten und Diskursen, wird sprachphilosophisch angenommen, dass Sprache die Bedingung der Hervorbringung und der Repräsentation von Materie ist und dass diese, gleichermaßen Ort der Erzeugung und Entstehung wie die sprachliche Form, von dieser nicht zu lösen ist. Damit Sprechakte sich materialisieren und wirkmächtig sind, müssen sie zwei Bedingungen erfüllen: 1. Die Personen, die sie vollziehen, müssen autorisiert sein, und die Subjekte, auf die sie sich beziehen, müssen zum Verfahren zugelassen sein. Das sind bei der Heirat auf der einen Seite Standesbeamte und auf der anderen Seite Heiratswillige, die ihre »Ehefähigkeit« belegen müssen. Die Heiratsprozedur wird also von institutionell autorisierten Personen vollzogen. 2. Performative Akte verweisen auf bereits bestehende sprachliche Konventionen, auf andere Worte oder Bezeichnungen. Voraussetzung der realitätsschaffenden Funktion diskursiver Performativität ist, dass diese sich auf vorhandene Zeichen- und Bedeutungsketten beziehen. So ist der Begriff »androgyn« ohne Bezug auf die bipolare Geschlechterdifferenz Mann/Frau unverständlich. Gleiches gilt für den Begriff »bisexuell«, der auf eine Unterscheidung von Hetero- und Homosexualität rekurriert.[28] Damit verbleiben diese Begriffe im Rahmen einer symbolischen Ordnung, die sie zitieren und in der sie die so bezeichneten Subjekte positionieren.

Foucault und Butler betrachten den Körper – ebenso wie das Subjekt, Identität und Geschlecht – als Verkörperung von abgelagerten Diskursen. Beiden gemeinsam ist die Problematisierung eines Körperkonzepts, das diesen als Natur entwirft. Damit verbunden erfolgt bei Butler die Kritik der Vorstellung, dass körperliche Materie als dem Sprachlich-Diskursiven vorausgesetzt, als vorbegrifflich zu denken sei. Mit dieser Kritik bewegt sich Butler im Zentrum wissenschaftlicher Auseinandersetzungen, die nicht zuletzt durch ihre Veröffentlichungen im deutschsprachigen Kontext ausgelöst wurden. In der kontroversen Diskussion darüber, was den Körper ausmacht, zeigen sich divergierende Standpunkte, deren Nachvollzug deutlich macht, wogegen sich Butlers – und Foucaults – Kritik richtet: Betrachten die einen den Körper als vorgegeben und unhintergehbar, so erscheint er anderen lediglich als Oberfläche, in die sich kulturelle Ein- und Zuschreibungen eingravieren. Butler macht deutlich, worum es ihr dabei geht (und nicht geht): Ihrer Auffassung nach erschöpfen sich die Optionen der Theorie keineswegs darin, den Körper und seine Materialität entweder vorauszusetzen oder ihn in seiner Materialität zu verneinen. Vielmehr beinhaltet die Infragestellung des Körpers als unhistorische, physische Größe das Ende der Gewissheit, dass es »den Körper« unabhängig von soziokulturellen Körperkonzepten und -bildern gibt.

Damit ist dann aber die Infragestellung eines den Zeichen und Bezeichnungen (des Körpers) vorausgesetzten Körpers verbunden, dem die Zeichen oder die Sprache als unerlässliche Spiegelbilder folgen. Sprache verliert in der sprachtheoretischen Perspektive Butlers ihren repräsentativen Status, wonach sie etwas bezeichnet, was ihr vorgängig ist. Vielmehr ist Sprache hervorbringend oder, mit einem anderen Begriff, konstitutiv, indem sie das, was sie bezeichnet, zugleich erzeugt. Der Körper bildet dann eine – performative – Wirkung des Bezeichnungsaktes. Mit anderen Worten: Der Körper erscheint aus sprachtheoretischer Sicht als Wirkung einer Zeichenordnung. In der sprach- und diskurstheoretischen Perspektive gibt es kein Reales, Vor- oder Außerdiskursives, das dem Symbolischen vorausgesetzt werden kann. Das den Sprechakten und Diskursen Vorgängige ist wieder eine Zeichen-, Sprach- oder Diskursordnung.[29] Diskurse bilden demnach die Bedingungen, nämlich die vor aller Erfahrung liegenden Apriori, sozialer Wirklichkeit. Sie wirken strukturierend in der Errichtung einer symbolischen Ordnung, die einen Modus für die Wirklichkeit (des Körpers und der Subjekte) bereit- bzw. darstellt. Das heißt: Man kann es sich als Individuum nicht aussuchen, in welcher Wirklichkeit und in welchem Körper man lebt. Diskurse bilden die symbolischen Ordnungssysteme, die die Wirklichkeit und Körperlichkeit, in der das Individuum lebt, vorgeben, dem Subjekt vorgängig sind und von diesem »verkörpert« werden. Diskurse umfassen alles Wirkliche, Wahrnehmungs- und Handlungsweisen ebenso wie abstrakte Begriffe und institutionelle, technischmediale Verfahren der Erzeugung wirklicher Körper. Sie stellen die Materialität her, indem sie ein Körperschema konfigurieren. Dies geschieht durch die sprachliche Form. »Wenn Materie nie ohne ihr schema auftritt, bedeutet das, daß sie nur unter einer bestimmten grammatischen Form in Erscheinung tritt und daß das Prinzip ihrer Erkennbarkeit, ihre charakteristische Geste oder ihr übliches Gewand, vom dem, was ihre Materie konstituiert, nicht ablösbar ist.« (KvG: 57)

Mit dieser Formulierung verdeutlicht Butler das »schema« als historisch veränderbares Prinzip, die Intelligibilität des Körpers. Auch Foucault betrachtet das Körperschema als Machtförmigkeit des Körpers. Dabei bildet die Seele diejenige Instanz, die den Körper den Anforderungen der Gesellschaft entsprechend formt und modelliert. Sie erscheint, analog dem in der freudschen Topographie der Psyche verankerten Begriff des Über-Ich, als »ein historisch spezifisches, imaginäres Ideal (idéal speculatif), durch das der Körper wirksam materialisiert wird« (KvG: 58). Aus der Einheit von Form und Materie bei Aristoteles wird bei Butler Machtform und machtförmiges Gesetz. Materialisierung ist dann ein durch die symbolische Ordnung, die Matrix einer Kultur, bedingter – diskursiver – Machteffekt. Machtförmigkeit und Materialisierung sind identisch. »Der Körper ist [...] dasjenige, für das Materialisierung und Belehnung [mit Machtbeziehungen] deckungsgleich sind.« (KvG: 59)

Materie und Form stellen einen untrennbaren Zusammenhang dar. Erzeugendes und Erzeugtes, Signifikant und Signifikat, Sprache und Wirklichkeit, Sagen und Tun sind eins. Konstruktion und Materialisierung bilden ein und denselben Vorgang. Über die Aufhebung der Unterscheidung von bloßer Form und Materie, von Diskursivem und Physischem hinaus hebt sich die Unterscheidung von körperlicher Materialität und Sozialität, von Natur und Gesellschaft auf. Die Trennung von Natur und Kultur löst sich wie die von Sozialem und Psychischem auf. Die Psyche ist der Ort, an dem die Gesellschaft den Körper immer schon als Kulturkörper erstellt und durchdringt. Butlers These ist, dass die Verinnerlichung von Normen erst die Unterscheidung des Psychischen und des Sozialen einführt (vgl. PdM: 24) und damit der Macht (der Norm) ein reibungsloses und »stillschweigendes Funktionieren innerhalb des Sozialen erlaubt« (PdM: 25). Die psychischen Operationen der Norm sind, wie der Körper in seiner Materialität, aus sozialen Operationen abgeleitet; sie sind innerpsychische Repräsentanzen der Macht. Macht nimmt hier, wie bei Foucault, unmittelbar körperlich-materielle Formen an. Der Körper entsteht und besteht in der grundlegenden Abhängigkeit von einem normativ regulierenden Ideal, das den Körper in seiner Materialität formt. Er konstituiert sich durch performative Sprechakte, die ein sprachfähiges Subjekt, das dem Individuum erst seine soziale Existenz verleiht, sich nicht ausgesucht hat und die ihm vorausgehen, die aber dennoch seine Handlungsfähigkeit initiieren und aufrechterhalten. Dann stellt sich nicht mehr die Frage nach einer den

Diskursen vorauszusetzenden Materie, sondern die nach dem Verhältnis von Diskurs, reglementierendem (Körper-)Ideal, Subjekt und erzeugter körperlicher Materialität.

Zitat und Wiederholung

Dieses Verhältnis stellt sich nicht als Gegenstand der Theorie eines wissenden und souverän handelnden Subjekts dar, sondern als Gegenstand einer Theorie regelgeleiteter Praktiken und ihrer Sedimentierung in einer diskursiven Ordnung, deren Herkunft sich genealogisch aus Machtpraktiken erschließt. Die Durchsetzung oder Verhinderung ebenso wie die Ausschließung und Selektion, aber auch die Variabilität und Stabilität von Diskursen verdanken sich Machtverhältnissen. »Nach der biblischen Wiedergabe der performativen Äußerung bei ›Es werde Licht!‹ sieht es so aus, als werde ein Phänomen *kraft der Macht eines Subjekts oder seines Willens* ins Leben gerufen. In einer kritischen Neuformulierung der performativen Äußerung macht Derrida klar, daß diese Macht nicht die Funktion eines ursprunggebenden Willens, sondern immer abgeleitet ist« (KvG: 36), abgeleitet aus einer symbolischen Ordnung und den in ihr verfestigten Machtstrukturen. Derrida verbindet den Begriff der Performanz mit dem des Zitats und der Wiederholung. Und stellt, so Butler, die Frage: »Könnte eine performative Äußerung zum Erfolg kommen, wenn ihre Formulierung nicht eine ›kodierte‹, wiederholbare Äußerung wiederholen würde, wenn mit anderen Worten die Formel, die ich ausspreche, um etwa eine Sitzung zu eröffnen, ein Schiff vom Stapel laufen zu lassen oder jemanden zu verheiraten, nicht erkennbar wäre als einem wiederholbaren Modell konform, wenn sie also nicht irgendwie als ›Zitat‹ erkennbar wäre?« (FL: 124)

Die Wirkung von Sprechakten gründet also auf der zitatförmigen Wiederholung von Konventionen und deren Autorität. Sie verweist auf die Geschichte der diskursiven Macht, auf die historisch ausgefochtenen Auseinandersetzungen und errungenen Siege. Was sich nicht durchsetzt, ist nicht Teil der Konvention, sondern verschwindet in der »Versenkung«.[30] Es bildet, verworfen und verdrängt, die nicht legitimen Wissensarten und Subjektivierungsweisen. Butler verortet hier den vom »Gesetz«, von der logischen Ordnung erzwungenen psychischen Mechanismus der Melancholie, der das Objekt aufgibt, indem er es, verinnerlicht, bewahrt (vgl. UG: 93 f.; PdM: 125 f.), wobei dieses Objekt aber im Gegensatz zu Objekten, die zugelassen sind, nicht betrauert werden kann.

Ein Sprechakt kann eine Handlung sein, ohne die beabsichtigten Effekte hervorzubringen. Wenn jemand einen Befehl erlässt und niemand zuhört oder gehorcht, ist der Sprechakt ineffektiv und verfehlt seine vorgestellte Wirkung. Darauf hebt auch Austin mit seiner Typologie von Sprechakten ab. Er unterscheidet illokutionäre von perlokutionären Sprechakten. Illokutionäre Sprechakte sind dadurch bestimmt, dass jemand, indem er etwas sagt, zugleich auch etwas tut. Wenn ein Richter sagt: »Ich verurteile Sie«, zitiert er eine gesetzliche Ordnung, die ihn autorisiert und stützt. Seine Aussage impliziert unmittelbar Praktiken der Einsperrung. Perlokutionäre Sprechakte hingegen sind solche, die eine Kette von Folgeeffekten auslösen. Hier fällt der Sprechakt nicht unmittelbar mit der Wirkung zusammen. Während illokutionäre Sprechakte sich »mittels Konventionen vollziehen« und unmittelbar Wirkung zeigen, Sagen und Tun also zusammenfallen, »vollziehen sich perlokutionäre Akte mittels Konsequenzen« (HS: 31), oft auch unbeabsichtigten, wie Austin am Beispiel von Beleidigungen oder verbalen Verletzungen deutlich macht. Das heißt, dass im Falle illokutionärer Akte die »Kraft der Performation durch konventionelle Mittel sichergestellt wird« (HS: 33). Dies geschieht durch – durchaus auch negative oder ablehnende – Berufung auf eine bereits bestehende symbolische Ordnung. Performative Äußerungen sind, so gesehen, Zitate von Konventionen und historisch abgelagerten Diskursen, die dem Gesagten ein entsprechendes Gewicht geben: »Damit ein Performativ funktionieren kann, muß es aus einem Satz sprachlicher Konventionen schöpfen und diese Konventionen, die traditionell funktioniert haben, rezitieren, um eine gewisse Art von Effekten hervorzurufen. Die Kraft oder Effektivität eines Performativs hängt von der Möglichkeit ab, sich auf die Geschichtlichkeit dieser Konventionen in einer gegenwärtigen Handlung zu beziehen und sie neu zu kodieren. Diese Macht des Rezitierens ist nicht Funktion der *Intention* des Einzelnen, sondern Effekt der historisch abgelagerten sprachlichen Konventionen.« (FL: 124) Performative Sprechakte sind Handlungen; sie spiegeln oder festigen nicht nur eine gegebene soziale Wirklichkeit oder Machtstruktur, sondern sie rufen das, was sie benennen, ins Leben. Indem sie Wirklichkeiten – wie die Zuordnung des Körpers, das soziale Subjekt, das körperliche und soziale Geschlecht – im Augenblick der Äußerung hervorrufen, unterstreichen sie die konstitutive oder produktive Macht der Rede.

Anrufung und Diskurs

In ihrer machttheoretischen Analyse der Subjektbildung geht Butler davon aus, dass die konstitutive Form, die Macht annimmt, durch eine Figur der (Um-)Wendung des Subjekts entsteht: Demnach wendet sich das Subjekt einer Macht zu, die es als solches erst einsetzt und repräsentiert. Seine Unterwerfung geschieht gleichzeitig mit seinem Entwurf als Subjekt.

Der französische Philosoph Louis Althusser bezeichnet die Einsetzung eines Subjekts durch eine symbolische Ordnung als Interpellation oder Anrufung.[31] Althussers Lehre von der Anrufung bereitet nach Butlers Auffassung Foucaults spätere Sichtweise der diskursiven Erzeugung des Subjekts durch Praktiken und (Selbst-)Technologien vor. Die Anrufung zitiert eine Konvention, eine soziale Ordnung, die dem angerufenen Subjekt strukturell vorausgeht. Sie führt eine Realität ein. Die Einschreibung der Aussagen in das Subjekt dokumentiert nicht nur die Gleichförmigkeit der Aussagen, deren Wiederholung und Ordnungsschema, sondern auch die Macht der Konvention. Dabei wird das Subjekt ohne und gegen seinen Willen durch Unterwerfung konstituiert. Die Macht übersteigt das Subjekt, das durch sie hervorgebracht wird: »Stellen wir uns die durchaus plausible Szene vor, daß eine Person sich umdreht, um gegen den Namen zu protestieren, den man ihr zugerufen hat. ›Das bin ich nicht, das muß ein Irrtum sein‹! Und nun stellen wir uns vor, daß der Name sich ihr weiterhin aufzwingt, den Raum umgrenzt, den sie einnimmt, und weiterhin eine gesellschaftliche Position konstituiert. Unabhängig von den Protesten wirkt der Name weiter. Die Person wird – allerdings in der Entfernung zu sich selbst – weiterhin durch den Diskurs konstituiert.« (HS: 54)

Gestützt auf eine anerkannte Autorität, wird die Aussage zur Realität; »mit der ärztlichen Interpellation [›Es ist ein Mädchen!‹ oder ›Es ist ein Junge!‹] wechselt das Kleinkind von einem ›es‹ zu einer ›sie‹ oder einem ›er‹; und mit dieser Benennung wird das Mädchen«, so Butler, »›mädchenhaft‹ gemacht, es gelangt durch die Anrufung des sozialen Geschlechts in den Bereich von Sprache und Verwandtschaft« (KvG: 29). Die »Anrufung« zitiert eine gesellschaftliche Ordnung und schreibt diese – auch gegen den Willen der betreffenden Person – in das Individuum ein. Sie ist, über den »Ruf« hinaus, »eine ganz bestimmte Inszenierung des Rufes« (PdM: 101), nämlich eine »Aufforderung, sich dem Gesetz anzuschließen, als Umwendung [...] und Eintritt in die Sprache der Selbstzuschreibung« (PdM: 101).

Dabei betont Butler, dass die Äußerung nicht einfach einen Zustand beschreibt oder etwas als Folge hervorruft, sondern das *ist*, was sie sagt. Am Beispiel von »hate speech« (»Hass spricht«)[32] wird noch einmal deutlich, was gemeint ist: Rassistische Sprüche vollziehen durch die Anrufung der Konvention das, was sie (aus)sagen. Sprache wirkt also konstituierend, sie wird zur Bedingung der Möglichkeit des Subjekts, nicht zu seiner bloßen Ausdrucksform. (Vgl. HS: 46) Der Sprechakt ist zugleich Akt der Setzung, der Subjektivierung eines angesprochenen Individuums, das auf diese Weise »in ein gesellschaftliches Leben gerufen« (HS: 225) wird. Absicht der Anrufung ist es, »ein Subjekt in der Unterwerfung [...] einzusetzen« und »seine gesellschaftlichen Umrisse in Raum und Zeit hervorzubringen« (HS: 54). Dies geschieht durch eine diskursive Macht, die ohne Subjekt verfährt. Das bedeutet, dass Individuen nicht die Urheber der Diskurse sind, die sie – in autorisierten Sprechakten oder Verlautbarungen – weiterleiten, und dass sie letztlich die Bedeutung des Diskurses nicht kontrollieren, gleichwohl aber als Sprecher Verantwortung tragen. Der Ursprung der Anrufung liegt nach Butler im Ungewissen.

Rassistische oder sexistische Rede zirkuliert in der Gesellschaft und geht über das sprechende Subjekt und den Sprechakt hinaus. Wesentliches Merkmal dieser diffusen Macht, die nicht auf ein sprechendes Subjekt zurückgeführt werden kann, ist ein »reiteratives Verfahren«, das eine Konvention zitiert und den Effekt hat, sowohl die Position der Anrufung in einer diskursiven Ordnung zu sedimentieren als auch das Subjekt durch Benennung als Realität einzusetzen. Subjekte werden demnach durch Sprechakte als freie und souverän handelnde, aber zu-

gleich gesellschaftlichen Rahmenbedingungen unterworfene erzeugt. Demnach inaugurieren performative Sprechakte das Subjekt der Anrufung durch eine Vielzahl diffuser und mächtiger
Anrufungen, und zwar im Sprechakt selbst. Der Sprechakt wirkt
unmittelbar. »Nach diesem illokutionären Modell *konstituiert
hate speech* ihren Adressaten im Augenblick der Äußerung. Sie
beschreibt keine Verletzung und ruft keine Verletzung als Folge
hervor, vielmehr ist *hate speech* in der Äußerung selbst die Aus-
führung der Verletzung, wobei ›Verletzung‹ als gesellschaftliche
Unterordnung verstanden wird. Was der Sprechakt also tut, ist,
das Subjekt in einer untergeordneten Position zu konstituieren.«
(HS: 33)

Durch sprachliche Äußerungen hervorgebracht zu werden bedeutet demnach, eingebettet zu sein in ein historisches Macht-
und Diskursgeflecht, das den gemachten Äußerungen erst Wirkung verleiht. Auch Diskurse zielen in der Diskurstheorie Foucaults nicht »auf eine reine und einfache Verschränkung der
Dinge und der Wörter«, sie verbinden nicht einfach Wirklichkeit und Sprache. Sie regeln vielmehr »die Beherrschung der
Gegenstände«[33]. Diskurse sind nicht als Zeichen zu behandeln,
die Dinge oder Inhalte repräsentieren, sondern sie sind, so Foucault, als Praktiken zu verstehen, »die systematisch die Gegenstände bilden, von denen sie sprechen«. Sie benutzen Zeichen
nicht zur Bezeichnung und sind daher auch nicht auf Sprache
zu reduzieren. Über die bloße Bezeichnung der Dinge hinaus
zeigen Diskurse, ebenso wie performative Sprechakte, materielle
Wirkung. Ihre spezifische Machtwirkung besteht in der Einführung einer Wirklichkeit und deren Ordnung.[34] Diskurse sind,
über ihre Bedeutung als Regeln für die Inbeziehungsetzung von
Elementen einer Zeichenordnung hinaus, Konstruktionsregeln
sozialer Wirklichkeit. Die Materialität von Diskursen zeigt sich
in der Konstitution von Wirklichkeit durch Wiederholung gleich-

förmiger Aussagen und Generierung eines Ordnungsschemas als Einschreibung einer Gleichförmigkeit.

Diskursiv erzeugte Materie – und damit zugleich die Materialität des Diskursiven – entsteht, so Butler, durch wiederholte, performative Sprechakte, die Konventionen zitieren; sie sind das Medium der Materialisierung von Begriffen, Kategorien und Normen sowie deren Verknüpfung. Die Wiederholung der konstituierenden Konventionen oder Normen verweist darauf, dass Materie nicht ein für alle Mal, sondern immer wieder hervorgebracht wird; »mit der Anrufung endet das ›Zum-Mädchenmachen‹ des Mädchens noch nicht, sondern jene begründende Anrufung wird von den verschiedensten Autoritäten und über diverse Zeitabschnitte hinweg immer aufs neue wiederholt [...]. Das Benennen setzt zugleich eine Grenze und wiederholt einschärfend eine Norm.« (KvG: 29) Die Konstitution ist ein unabgeschlossener, offener Prozess. Offen für Verschiebungen, Umdeutungen, unerwartete Entwicklungen, tendiert die Benennung dennoch dazu, etwas festzuschreiben und erstarren zu lassen. Die Namengebung erscheint als machtförmiger Vorgang, der die Komplexität des Benannten einschränkt, ja, substanzialisiert. (Vgl. HS: 56 f.) Macht tritt als Name in Erscheinung und verstellt sich. Der Name bringt etwas zum Stillstand, was in Bewegung war, die Geschichte eines Körpers, eines Subjekts.

Dennoch beinhaltet Performanz als Wiederholung auch die Möglichkeit der Umdeutung und Verschiebung von Bedeutungen; Normen sind, wie Sprache, nicht eindeutig und ein für alle Mal festgelegt, sie unterliegen als soziale Kategorien historischen und psychischen Veränderungen. Die ständige Wiederholung von Normen verweist auf deren Instabilität und zeigt, dass »die Materialisierung nie ganz vollendet ist, daß die Körper sich nie völlig den Normen fügen, mit denen ihre Materialisierung erzwungen wird« (KvG: 21). In diesem Bereich der Instabilitäten, die durch den Prozess der Wiederholung selbst erzeugt werden, einen Prozess, der zugleich die Wirksamkeit der Norm herbeiführt, tritt zutage, dass die Macht (der Norm) sich zwar selbst erzeugt, aber sich auch gegen sich selbst kehrt. Hier wird Widerständigkeit in der Kraft des Gesetzes selbst, machtimmanent und nicht in einem Außen der Macht verortet. Widerstand ist selbst Teil einer diskursiven Macht der Performanz. Sprechakte bewegen sich zwar immer innerhalb diskursiver Prozesse; sie zitieren Bedeutungen und Sinn. Dennoch existiert im »Wiederholungszwang« der Bezeichnung die Möglichkeit, »diese Wiederholungen zu variieren« (UG: 213).

Diskurs und Materie

Butlers Konzept der Materialisierung, das sie vom Konzept des radikalen linguistischen Konstruktivismus absetzt, beinhaltet eine Auseinandersetzung mit dem Verhältnis von Natur und Kultur und der Annahme eines dem Kulturell-Sozialen vorausgesetzten Bereichs des Natürlichen: Dieses Modell rekurriert auf eine Vorstellung von Kultur und Sozialem, die auf eine Natur einwirken, die außerhalb des Sozialen und vor aller Kultur ihr Gegenstück und gleichzeitig die Oberfläche der Einschreibung kultureller Normen bildet. Natur erscheint als der Sprache und dem Symbolischen vorgängiges, unbeschriebenes Blatt, als Leere, Leblosigkeit und Passivität. Das Natürliche wird zu dem herabgestuft, was vor aller Intelligibilität liegt und auf die Beimessung sozialer Bedeutung angewiesen ist. In dieser Figuration nimmt Natur gegenüber Kultur den Status des Minderen an. Erst wenn Natur sich als soziale ausgibt, und damit »sich selbst als das Natürliche preisgibt« (KvG: 25), erhöht sie sich zur kulturfähigen. Butler betont, dass diesem Modell eine soziale Konstruktion von Natur zugrunde liegt, wonach Natur sich erübrigt, »das Natürliche also vom Sozialen ausgestrichen wird« (KvG: 25). Das Soziale absorbiert und ersetzt das Natürliche, das in der Form des Kulturellen erscheint. Als der Kultur vorgängig Gesetztes wird es zum fiktiven, vorsprachlichen und vorsymbolischen Konstrukt, das sich nicht unmittelbar erschließt. Es erscheint als das Unkonstruierte und verweist auf die Grenzen der Kultur, des symbolischen Gesetzes, der Konstruktion. Das Konstruierte bewegt sich hier im Gegensatz zur vordiskursiven körperlichen Materialität.

Demgegenüber geht Butler von der materialisierenden und naturalisierenden Wirkung kultureller Normen aus. Aus dieser Perspektive erfolgt weder die Einschreibung sozialer Normen in einen vorgegebenen, natürlichen Körper als Ort des Asozialen noch die Einverleibung sozialer Strukturen als körperlicher Habitus. Vielmehr entsteht der Körper erst durch die Norm. Das heißt: Der biologische Körper ist von Anfang an ein Sozialkörper. Als biologisches Urgestein ist er nicht zu haben. Er erschließt sich nicht einer Unmittelbarkeit. Als kulturell hergestellter Körper wird er nur durch die in ihn eingeschlossenen und abgelagerten Diskursschichten hindurch greifbar.

Der Körper *ist* die Norm, die sich durch Zitieren eines normativen, symbolischen Gesetzes materialisiert. In der symbolischen Unterwerfung materialisiert sich der Körper in seiner sozialen Existenz. Diese ist abhängig von normativen Entwürfen, die ihm vorgängig sind. Der Körper ist in seiner Materialität ein Normeffekt. Materialisierung bekommt, über die sprachphilosophischen Aspekte hinaus, eine genuin soziologische Bedeutung: Inspiriert durch Austins Sprechakttheorie und Foucaults Theorie diskursiver (Macht-)Formationen, nimmt Butler an, dass der Körper selbst ein Stück Gesellschaft ist. Sie manifestiert sich im Körper. Es ist also im Grunde nicht der Körper, der performativ immer wieder produziert wird. Vielmehr materialisieren sich Gesellschaft und ihre symbolische Ordnung *im* Körper. Beide (re)produzieren sich durch Materialisierung des Körpers. Gesellschaft setzt sich durch und fort bis in die Erzeugung körperlicher Materie, die als Natur erscheint. Auf diese Weise nimmt Gesellschaft körperliche, natürliche Dimensionen an.[35] Der komplexe Vorgang der Materialisierung deutet, über performatives Zitieren von Normen als Elementen einer symbolischen Ordnung, verstanden als »Matrix der Macht«, auf die Einschreibung von Gesellschaft in den Körper hin. Sie geht, wie die Norm, wie die Benennung, dem Schema körperlicher Materie voraus. Materie entsteht als Ablagerung kultureller Normen. Erzeugungsmodus körperlicher Materialität sind diskursive Operationen und ihre performative Wirkung. (Vgl. KvG: 57 f.) Insofern Diskurse in die Geschichte der Konstitution der Materie durch Wiederholung eingeschrieben sind, kann Materie als vollständig mit abgelagerten Diskursen erfüllt gelten. Durch die performative Wiederholung von Normen entsteht eine Körpermorphologie, entstehen Körperumrisse und -bilder sowie eine Körperwahrnehmung. Der Körper wird zur materiellen Wirklichkeit. Es ist davon auszugehen, so Butler, dass die gesellschaftliche Norm des Körpers »auf der Ebene der körperlichen Morphogenese eingeschärft wird« (KvG: 37). Hierfür sind Machtpraktiken und -technologien zentral. Butler betrachtet das Symbolische als »Abfolge normativierender Einschärfungen« (KvG: 38). Dabei ist das Zitieren des symbolischen Gesetzes der Modus seiner eigenen Herstellung. Körperliche Materie ist das Ergebnis normierender Einschleifungen und Sedimentierungen. Materie ist dann nichts anderes als eine Materialisierung von Normen. Die Annahme, dass Körper durch Diskurse und performative Sprechakte konfiguriert werden, bedeutet jedoch nicht, dass Körper als materielle Realitäten vollständig auf Diskurse zurückführbar sind; lediglich, dass es keine von der symbolischen Ordnung unberührte körperliche Materialität gibt. Diskursive Praktiken und körperliche Materialität verbinden sich als unauflösliche Einheit, deren Voraussetzung Diskurse als Apriori körperlicher Materialität bilden. Das bedeutet: Diskurse werden zur Bedingung des – historischen und sozialen – Erscheinens von Körpern. Das ist das ganze Geheimnis der Rede von der Materialisierung von Diskursen.

In der wiederholenden Performativität liegt zugleich ein Naturalisierungseffekt. Kulturelle Normen erscheinen als Natur. Damit operiert diskursive Macht verstellt und erscheint als Natur der Dinge. Butler dekonstruiert diese Evidenz der Naturhaftigkeit des Körpers, indem sie sich der kritischen Genealogie Foucaults und Nietzsches bedient, als Machtwirkung.

Genealogie

Die grundlegenden Kategorien des Denkens als naturalisierende Machteffekte zu enthüllen erfordert eine Form der kritischen Untersuchung, die Foucault im Anschluss an Nietzsche als Genealogie bezeichnet hat. »Die genealogische Kritik lehnt es ab, nach den Ursprüngen [...] der inneren Wahrheit [...] zu suchen [...]. Vielmehr erforscht die Genealogie die politischen Einsätze, die auf dem Spiel stehen, wenn Identitätskategorien als *Ursprung* oder *Ursache* bezeichnet werden, obgleich sie in Wirklichkeit *Effekte* von Institutionen, Verfahrensweisen und Diskursen mit vielfältigen und diffusen Ursprungsorten sind.« (UG: 9) Die Genealogie untersucht diskursive Prozesse der Naturalisierung. Sie situiert Diskurse in Machtprozessen und führt die Frage nach dem Wesen des Menschen oder der Natur des Körpers auf kultur- und epochenspezifische Denk- und Wahrnehmungsschemata zurück. So ist der Mensch nicht das, was vor aller Geschichte immer schon da war. Vielmehr ist er Produkt einer Konfrontation, des Spiels der Kräfte, die ihn als den Machtpraktiken und ihrer Geschichte vorausgesetzte anthropologische Natur erst entwerfen.

Die Machtanalytik ist das eigentliche Feld der Genealogie. Sie analysiert Diskurse und deren Entstehung aus historisch sich verändernden Machtkonstellationen und betrachtet die von ihnen hervorgebrachten Gegenstände als Machtwirkungen. Der Begriff der Macht(-praktiken) ist demzufolge der Grundbegriff der genealogischen Geschichtsschreibung. Sie fragt nach den historischen Erscheinungsbedingungen des Diskurses[36], ohne auf tiefer liegende Bedeutungen, Gesetze oder metaphysische Annahmen zurückzugreifen. Der Mensch verdankt sich dann ebenso wenig wie der Körper einem Ursprung oder einer inneren Teleologie, sondern historischen Erscheinungsformen und Schematisierungen, Bildern, Glaubens- und Wissenssystemen, die durchaus heterogener Natur sind. An die Stelle der Suche nach anthropologischen Wurzeln und Identitätsbewusstsein, dem Wahren und dem Wesen, das aus dem Körper abgeleitet wird, tritt die Materialität des Diskurses. Die Genealogie untersucht also, kurz gesagt, die Verschränkung der Regeln des Wissens mit sie (de)stabilisierenden Machtverhältnissen. Wissen und Macht verschränken sich im Diskurs ineinander und sind ihm, in den Produktionsregeln des Wissens, immanent.

Butlers zentrale Frage ist, im Anschluss an Foucaults machttheoretische Ausführungen, die nach der Relevanz des physischen Körpers als Ort der Macht, der mit einer natürlichen, wesensmäßigen Bedeutung ausgestattet zu sein scheint. Der Auffassung, dass der Körper seiner Bezeichnung vorausgeht und diese ihm spiegelbildlich folgt, widerspricht Butler mit der Rekonstruktion des Körpers als eines den Zeichen, der Sprache und dem Diskursiven vorausgesetzten Körpers. In der genealogischen Rekonstruktion erscheint er als vorgängig *gesetzter* oder *bezeichneter* Körper. »Diese Bezeichnung vollzieht sich dadurch, daß sie einen Effekt ihres eigenen Verfahrens hervorbringt, nämlich den Körper, und dennoch zugleich behauptet, diesen Körper als das zu entdecken, was jeder Bezeichnung *vorhergeht*.« (KoG: 52) Dieser Effekt eines der Bezeichnung vorausgesetzten Körpers wird *performativ*, durch den wiederholten Bezeichnungsakt erzielt. Die Vorstellung vom Körper als ahistorische Universalie ist, so Butler, Wirkung von Macht. Diese verschleiert den Vorgang seiner kulturellen Herstellung. Verantwortlich sind diskursive Prozesse der Naturalisierung. Butler stellt daher die Frage: Wie kommt es, dass Normen als naturgegeben und nicht als Wirkung von Diskursen, von Macht-Wissens-Komplexen erscheinen? Diese Frage zielt darauf ab, den Status ontologischer Kategorien und den Eindruck ihrer Evidenz zu problematisieren. Auf soziale Konstruktionsweisen zurückgeführt, wird die historische Begrenztheit von Normen sichtbar und ihr universeller Geltungsanspruch unterminiert. Damit verbunden ist die Veränderung der Perspektiven: Die Differenz, das Andere und das Verschiedene, das, was als das Abweichende Gegenstand von Verwerfungen und Ausschließungen aus der sozialen Normalität ist, die Heterogenität von Körpern, Körpermerkmalen und sexueller Identität, wird nicht mehr auf das Eine, die Einheit und Kohärenz einer Identität bezogen. Sie verbleibt vielmehr subversiv in der Heterogenität und Verschiedenartigkeit. Die Differenz wird nicht mehr zu einer Einheit verabsolutiert.

Dekonstruktion

In der Auseinandersetzung mit dem Problem, ob es, ohne die Materialität des Körpers oder des biologischen Geschlechts vorauszusetzen, eine – feministische, politische – Theorie geben kann, begegnet Butler der Sorge, dass, wenn »alles Diskurs ist«, der Körper sich in Diskurs oder Sprache auflöst und damit als materielle Einheit verschwindet. In diesem Kontext macht sie deutlich, was sie unter »Dekonstruktion« versteht: »eine Voraussetzung infrage zu stellen«. Sie fügt hinzu, was Dekonstruktion nicht heißt, nämlich die Voraussetzung »einfach abzuschaffen« (KoG: 52). Und sie erläutert den Sachverhalt ausführlicher, indem sie zunächst darauf abhebt, dass es *nicht* darum geht, den Körper in seiner Materialität zu verleugnen, sondern ihn vielmehr anders als bisher zu betrachten: »Die Begriffe ›Körper‹ und ›Materialität‹ einer dekonstruktiven Kritik zu unterziehen [...] heißt nicht, sie zu verneinen oder abzulehnen. Vielmehr beinhaltet die Dekonstruktion dieser Begriffe, daß man sie weiterhin verwendet, sie wiederholt, subversiv wiederholt, und sie verschiebt bzw. aus dem Kontext herausnimmt, in dem sie als Instrumente der Unterdrückungsmacht eingesetzt wurden.« (KoG: 52). Die Voraussetzung, die die Dekonstruktion infrage stellt, ist die des Körpers als Naturtatsache. Sie verfährt genealogisch, wenn sie den historischen (Macht-)Kontext ermittelt, in dem der Körper als Natur *bezeichnet* wird, und sie verfährt kritisch, wenn sie diese »Naturalisierung« des Körpers nachzeichnet, beschreibt und sie als Machtwirkung dekonstruiert. Damit widerspricht sie jeder Ontologie, also der Auffassung eines Wesens der Dinge, die den Körpern eine ihnen eigene Zwangsläufigkeit unterstellt. Dekonstruktion bedeutet insofern zunächst die Produktion von Verunsicherung oder Unsicherheit: »Die Materie von Körpern zu problematisieren beinhaltet an erster

Stelle einen Verlust an epistemologischer Gewißheit, der aber nicht zwangsläufig zum politischen Nihilismus führen muß.« (KoG: 52) Butlers abgrenzender Hinweis auf den Nihilismus bezieht sich implizit auf Nietzsche, Heidegger und Derrida und damit auf den in der Destruktion der Metaphysik angelegten konstruktiven Aspekt. Was ist, ist nicht ontologisch, sondern historisch gegeben. Aber: Es unterliegt einer enthistorisierenden Ontologisierung und Naturalisierung, die dekonstruktivistisch als Effekt von Sprechakten und Diskursen erscheint. Entscheidend ist an dieser Stelle der Hinweis auf das Fehlen eines festen Bezugs- und Orientierungspunkts jenseits der Bewegung der Dekonstruktion. Die Gewissheit, dass etwas so ist, wie es scheint, wird dekonstruktivistisch abgelöst durch die Verzeitlichung der Kategorien, die Historisierung der Perspektiven und die Öffnung universeller Strukturen und formaler Begriffsschemata hin zu den Singularitäten der Ereignisse. Was universell und uniformiert gegeben scheint, wird zurückgeführt auf historische Prozesse und kulturelle Übereinkünfte. Sichtbar gemacht werden diejenigen machtförmigen Vorgänge, die dazu beitragen, dass Historie als Natur erscheint. An die Stelle des augenscheinlich Wahren rückt, folgt man Butler und Foucault, die historische Konstruktion oder, folgt man Derrida, die Leere. Derridas Vorhaben einer Dekonstruktion der Metaphysik (des Abendlandes), die sich auf naturalisierte Erscheinungsformen gründet, berührt sich mit Foucaults Methode der genealogischen Kritik im Gestus der Deontologisierung und Denaturalisierung. Derridas Verfahren der Dekonstruktion setzt sich allerdings von Foucaults genealogisch-historischem De- und Rekonstruktionsverfahren dadurch ab, dass sie den Gegenstand vollständig unterminiert und die Leere an die Stelle des scheinbar Evidenten, historisch Rekonstruierten setzt. »Der Mensch« und »der Körper« sind dann, ohne Bezeichnung, Leerstellen, die historisch gefüllt werden. Das verweist aber auf ein erkenntnistheoretisches Problem: Materie kann, Sprache und Erkenntnis vorausgesetzt, nicht anders denn in historisch veränderbaren Kategorien erkannt werden. Erkennen bedeutet jedoch sprachtheoretisch-dekonstruktivistisch erzeugen, produzieren, konstituieren. Es trägt »keinem Realen oder historischen Referenten Rechnung [...], sondern allein der diskursiven Sphäre in ihren inneren Modulationen«[37].

Das Projekt der Dekonstruktion kann, wie das der Genealogie, über die Differenzen zwischen Derrida und Foucault hinaus, als grundlegende Infragestellung der abendländischen Denktradition und deren Metaphysik betrachtet werden. Es ist als solches Kennzeichen poststrukturaler Analysen, die immer wieder der Postmoderne zugeordnet werden. Dekonstruktivistisches Denken entmystifiziert nicht nur die Auffassung einer inneren Wahrheit der Dinge, einer Teleologie von Geschichte, einer Kohärenz und Homogenität von Mensch und Gesellschaft, sondern auch die Idee eines transzendentalen, ahistorischen Subjekts. Vor allem aber bedeutet Dekonstruktion den Bruch mit metaphysischen Vorstellungen von Homogenität und Einheit, von Ursprung und Kausalität und mit den damit verbundenen Setzungen: Setzung eines durch alle historischen Zeiträume mit sich identischen Subjekts, eines dem Geist entgegengesetzten Körpers. Diesen liegt ein Phantasma zugrunde, das Phantasma der Genealogie des Körpers. Er erscheint als dasjenige, aus dem »das Geschlecht« scheinbar spiegelbildlich folgt oder abgeleitet werden kann. Es ist der Diskurs, der den Körper in die Position des Primären versetzt.[38] Der Körper durchkreuzt alle Diskurse der Moderne.[39] Auch dessen genealogische Dekonstruktion, so Derrida, bleibt noch diesem Phantasma der Physis verhaftet.[40]

Butler wendet sich insbesondere gegen die (Entgegen-)Setzung von Natur und Kultur, von Materie/Körper und Form/

Geist. Sie problematisiert den Begriff der Postmoderne als »vereinheitlichendes Zeichen« und grenzt ihre eigene Position von dieser Denkbewegung – deren Bedeutung Butler zufolge am ehesten in der »kritischen Anwendung zu finden« ist, »die versucht zu zeigen, wie die Theorie [...] stets in die Macht verwickelt ist« (KoG: 35) – dahingehend ab, dass sie dieser von ihr als »Poststrukturalismus« bezeichneten Position die These zuordnet, dass »die Macht sogar den Begriffsapparat, der versucht, über die Macht zu verhandeln, durchdringt, ebenso wie die Subjektposition des Kritikers« (KoG: 36).

3. Die feministische Theorie

Verortung Butlers im Feld der Geschlechterforschung

Judith Butler gilt seit den Neunzigerjahren als einer der »Superstars« feministischer Theorie. In dem vielstimmigen Feld der Geschlechterforschung positioniert sie sich selbst als feministische Theoretikerin, die sich vor allem mit Phänomenen des Zusammenhangs von Macht, Geschlecht, Sexualität und Identität auseinander setzt, und nicht unbedingt oder erst an zweiter Stelle im Bereich der »queer studies« (dem Bereich der Lesben- und Homosexualitätsforschung), in den sie immer wieder eingeordnet wird. Vielmehr grenzt sie sich von einer bestimmten Spielart der Queer-Forschung ab. Darüber hinaus erscheint es ihr problematisch, die Analyse der Sexualität von der des Geschlechts zu trennen, was ihrer Auffassung nach für einen Teil der Queer-Forschung kennzeichnend ist.

In ihrem einflussreichsten Buch, *Das Unbehagen der Geschlechter*, unterstellt Butler, dass die feministische Forschung fälschlicherweise Frauen als homogene Gruppe mit gemeinsamen Merkmalen und Interessen betrachtet hat. Diese Annahme habe nicht nur trennende kulturelle, klassenspezifische und ethnische Differenzen zwischen Frauen übersehen, sondern darüber hinaus ein binäres System der Geschlechterbeziehungen, in dem Menschen in zwei deutlich voneinander unterschiedene Gruppen, nämlich in Frauen und Männer, geteilt werden, bestätigt. Zwar habe der Feminismus die Vorstellung abgelehnt, dass Anatomie Schicksal sei, dabei aber gleichzeitig die Auffassung einer patriarchalischen Kultur verfestigt, ein binäres System der Zweigeschlechtlichkeit sei kulturell unvermeidlich. Diese Auffassung lasse keinen Raum für eine Wahl, für Differenz und Widerstand. Die Abgrenzung von Frauen als einheitliche Gruppe gegen Männer und die Hervorhebung der Differenz der Geschlechter stehe außerdem der feministischen Forderung nach der Gleichheit der Geschlechter diametral entgegen, da sie letztlich die maskuline Geschlechterasymmetrie, in der Männer das eine, universale Subjekt und Frauen entweder das unterdrückte oder nicht repräsentierte Geschlecht bilden, lediglich umkehre. Butler fordert daher eine selbstkritische feministische Analyse, die die Unterdrückungsstrategien nicht einfach umkehrt, sondern die grundlegenden Begriffe dekonstruiert, die Unterdrückung erst eröffnen: »Die feministische Kritik muß einerseits totalisierende Ansprüche einer maskulinen Bedeutungs-Ökonomie untersuchen, aber andererseits gegenüber den totalisierenden Gesten des Feminismus selbstkritisch bleiben. Der Versuch, den Feind in einer einzigen Gestalt [nämlich dem maskulinen Diskurs] zu identifizieren, ist nur ein Umkehr-Diskurs, der unkritisch die Strategie des Unterdrückers nachahmt, statt eine andere Begrifflichkeit bereitzustellen.« (UG: 33)

Mit diesem Standpunkt befindet sie sich im Gegensatz zu feministischen Auffassungen, die die Differenz der Geschlechter zum Ausgangspunkt einer politischen Bewegung machen. Judith Butler zufolge kann es keinen Feminismus in der Einzahl und damit letztlich auch keine gemeinsamen politischen Aktionen geben. Sie wirft der feministischen Forschung vor, dass diese, anstatt neue Möglichkeiten der Bildung individueller Geschlechteridentitäten zu eröffnen, Optionen auf eine Veränderung des vorgegebenen, normativen Systems der Zweigeschlechtlichkeit zusätzlich verschlossen habe. Kritikerinnen der butlerschen Position bemängeln, dass Butler den Feminismus auf eine feministische Debatte über symbolische Repräsentationsformen von Geschlecht reduziere, eine Art semiotischen Guerillakrieg führe, statt sich auf Themen zu konzentrieren, die Frauen wirklich betreffen. Geschlecht bilde für die meisten Menschen einen wesentlichen Teil ihrer Identität, deren grundlegende Veränderung nur für wenige infrage komme. Butler zeige nicht, wie subversives, performatives Handeln zu einem integralen Bestandteil alltäglichen Handelns der Bevölkerung insgesamt werden könne, jenseits einer Minderheit von Drags und extrovertierten Darstellern, die an schockierende Taktiken gewohnt seien.

Aus ihrer Kritik an der Vorstellung, es gäbe den Feminismus als einheitliche Bewegung, leitet Butler die Forderung ab, die Kategorien Geschlecht und Identität im Kontext hierarchischer Geschlechterbeziehungen radikal zu überdenken. Sie vertritt die Auffassung, dass Geschlecht eine historische Beziehung von sozial hervorgebrachten Subjekten ist, die sich, je nach Kontext, verändert und keine feste Eigenschaft von Individuen darstellt. Auf diese Weise erscheint Geschlecht als fluktuierende, veränderbare Variable, die sich, je nach spezifischen historischen Kontexten, transformiert. Damit bricht sie nicht nur mit der Vorstellung, dass ein biologisches Geschlecht notwendigerweise einem daraus abgeleiteten sozialen Geschlecht korrespondiert, sondern auch mit der Vorstellung, dass das biologische Geschlecht zwingend eine bestimmte Form des sexuellen Begehrens gegenüber dem anderen Geschlecht, also eine gegengeschlechtliche Form von Sexualität, hervorbringt. Vielmehr nimmt sie an, dass der Zusammenhang von Geschlecht und sexuellem Begehren fließend und nicht durch stabile Faktoren (des Geschlechtskörpers) kausal verursacht gedacht werden muss.

Ein zentraler Gegenstand ihrer Überlegungen ist daher das Verhältnis von Biologischem und Kulturellem und das darin verankerte Prinzip der Binarität von biologischem und sozialem, von männlichem und weiblichem Geschlecht. Der Fokus ihres Ansatzes liegt auf dem Konstruktionsmodus von Geschlecht. Denn, so nimmt Butler an, in den fundamentalen Kategorien und Strukturen des Denkens der (Zwei-)Geschlechtlichkeit und deren normierenden Wirkungen liegt letztlich der Schlüssel subversiver Strategien zu ihrer dekonstruktiven Verschiebung und Veränderung.

Damit befindet sie sich im Zentrum einer feministischen Diskussion der Geschlechterdifferenz, die Geschlecht in der Spannung von Natur und Kultur ansiedelt. In diesem Verhältnis von biologischem und sozialem Geschlecht (»sex« und »gender«) sind, als Schauplatz politischer Kämpfe, auch die Differenzen feministischer Geschlechterforschung angesiedelt.

Butlers erkenntnistheoretische Position ist einzuordnen in die (de)konstruktivistische Geschlechterforschung, die sich von der Basisannahme, dass Zweigeschlechtlichkeit ein präkulturelles, natürliches Phänomen sei, verabschiedet hat. An ihre Stelle tritt die Auffassung, dass Geschlecht eine ausschließlich soziale Konstruktion darstellt, die dem Körper ein – biologisches – Geschlecht als Norm erst einschreibt und diese nachträglich als körperlich-natürliche Substanz wertet. In der Sedimentierung des biologischen Körpers als kulturell definierte Vorstellung, der Codierung des Körpers als Geschlechtskörper, sieht Butler den wesentlichen Mechanismus einer diskursiven Macht, die in der Verfestigung von Begriffen, Kategorien und Klassifikationen zu einem körperlichen Natursubstrat als solche nicht mehr sichtbar wird. Vielmehr erscheint dort, wo der Körper mittels diskursiver Praktiken begrifflich erzeugt wird, Natur.

Butler schlägt daher vor, die Art und Weise, wie wir über Körper und Geschlecht denken, zu problematisieren und davon auszugehen, dass der Zusammenhang von biologisch-körperlichem Geschlecht, Geschlechtsidentität und Sexualität nicht kausal, sondern historisch kontingent, durch historische Praktiken hervorgebracht ist. Deren Ergebnis, das System der Zweigeschlechtlichkeit und des Geschlechterdualismus, stellt sich dann als historisches Ereignis dar, das Körper aufgrund der kulturell vorgegebenen Binarität einer Geschlechtermatrix geschlechtlich codiert. (Vgl. UG: 37 f.) [41] Das bedeutet schließlich auch, dass die Geschlechterdifferenz selbst als eine historische und kulturelle Variable erscheint, sodass eine Auflösung der gesellschaftlichen Polarisierung und Hierarchisierung entlang der Geschlechtergrenze denkbar wird. Eine neue Gleichheit der Geschlechter ergibt sich dann dadurch, dass Menschen nicht durch binäre, normativ definierte männliche oder weibliche Geschlechterrollen eingeschränkt werden, die sich durch den Ausschluss abweichender Geschlechtsidentitäten konstituieren.

»Das Unbehagen der Geschlechter«

In ihrer für die deutschsprachige Rezeption wichtigsten, in ihrem radikalen Gestus einer (de)konstruktivistischen Kritik der Zweigeschlechtlichkeit aber von Anfang an auch umstrittenen Schrift *Das Unbehagen der Geschlechter* entwickelt Butler bereits ihre grundlegenden erkenntnis- und geschlechtertheoretischen Einsichten. Dabei bildet die radikale Infragestellung einer biologischen und binären Konstruktion der Zweigeschlechtlichkeit den Ausgangspunkt ihres Denkens. In der Kritik anatomischer »Tatsachen« verfolgt Butlers Analyse das Ziel, den kulturellen Rahmen, innerhalb dessen der Körper eine fundierende Rolle bei der Bestimmung des sozialen Geschlechts einnimmt, auf seine diskurs- und machtpolitische Funktion zu befragen. Durch die mimetische Rekonstruktion der begrifflichen und kategorialen Voraussetzungen, auf deren Basis aus einem körperlichen Substrat soziale Geschlechtsmerkmale und (hetero-)sexuelle Orientierungen abgeleitet werden, sprengt Butler jeden kausallogischen Fundierungszusammenhang von körperlichen Geschlechtsmerkmalen und sozialer Geschlechtsidentität auf. Dies setzt den Bruch mit einer Reihe von Annahmen voraus, die das – biologische und soziale – Geschlecht und die (Geschlechts-)Identität begründen. Allen voran ist es der Bruch mit der Annahme, Geschlecht sei eine natürliche Eigenschaft von Körpern, die die Grundlage einer natürlichen Ordnung der Geschlechter bildet. Zweitens und unmittelbar daran anschließend erfolgt der Bruch mit der Annahme einer natürlichen Differenz der Geschlechter, die dem Körper innewohnt und eine Geschlechterdifferenz begründet. Butler vollzieht also sprachtheoretisch konsequent den Bruch mit dem Naturalismus des Geschlechtskörpers. Ebenso konsequent bricht sie mit der – feministischen – Vorstellung, dass das Subjekt sich in ein biologisches und kulturelles Subjekt spaltet, dem ein biologisches und soziales Geschlecht entspricht. Denn, so Butler, die unreflektierte Voraussetzung einer biologisch verankerten Zweigeschlechtlichkeit festigt die Vorstellung eines biologischen Geschlechts als determinierenden Grund, auf dem soziale Geschlechterordnungen durch kulturelle Zuschreibungen aufsitzen.

Der Bruch mit der Differenz von Biologischem und Sozialem mündet in die Auflösung ihrer Differenz und die Entnaturalisierung des Biologischen. Die Dekonstruktion verschiebt diese Differenz in die neue Einheit eines von Anfang an sozial konstruierten Geschlechts(-körpers) und Geschlechtssubjekts.

Ein dritter Bruch betrifft die Annahme, dass der so bezeichnete Geschlechtskörper eine soziale und damit auch sexuelle (Geschlechts-)Identität stiftet. Infrage gestellt wird die Annahme einer »intelligiblen« Geschlechtsidentität, die sexuelle Begehrensstrukturen und Praktiken kontinuierlich und kohärent mit einem kulturell verfestigten, anatomischen Geschlecht verbindet. Die (hetero-)sexuelle Fixierung wird als Effekt diskursiver Praktiken vorgestellt, die durch entsprechende Regulierungsverfahren die binäre Geschlechterdifferenz mit (hetero-)sexuellen Praktiken verschränken. Damit aber wird die Existenz von Identitäten ausgeschlossen, die sich weder auf die anatomische Ausstattung des Geschlechtskörpers noch auf die Binarität einer sexuellen Praxis, begründet in der Binarität einer Geschlechterdifferenz, beziehen lassen.

Die Paradoxie einer »natürlichen« Geschlechterordnung lässt sich nur auflösen, wenn deutlich gemacht wird, dass und wie diese Ordnung als natürliche konstruiert wird. Sichtbar wird dann auch, dass der Geschlechterdualismus nach dem Muster männlich / weiblich – und mit ihm der im Geschlechterverhältnis verankerte Dualismus von Natur und Kultur, von biologischem und sozialem Geschlecht – eine Geschichte hat. Mit der Infragestellung einer Kausallogik von Anatomie und Sozialität der Geschlechtskörper verbindet sich zugleich die Frage nach der Genealogie, der historischen Entstehung einer binären Geschlechterkonstruktion.[42] Die entscheidende Frage lautet dann: Werden angeblich natürliche Sachverhalte nicht diskursiv, d.h. bedingt durch kulturelle Denksysteme und sprachliche Regeln, produziert? Sind es nicht wissenschaftliche Diskurse und politische Interessen, die den anatomischen Körper als natürliche Basis sozialer Geschlechterrollen und -identitäten erscheinen lassen? Mit der Beantwortung dieser Frage steht und fällt die Differenz zwischen einem biologischen und einem sozialen Geschlecht. Und mehr noch: Die Konstruktionslogik einer Spaltung des Geschlechtssubjekts in einen biologischen und einen kulturell-sozialen Anteil wird hinfällig, wenn sich zeigt, dass bereits die biologische Bestimmung des Körpergeschlechts samt der binären Geschlechterkonzeption kulturellen Kategorien folgt. Demzufolge löst sich das biologische Geschlecht in den kulturellen Konstruktionsapparat seiner Herstellung auf. Unbestimmte Körpermerkmale werden als bestimmte Eigenschaften eines – biologischen – Geschlechts(-körpers) erst definiert. Biologisches ist dann Ergebnis kultureller Wertungen und Klassifikationen. Diese rufen eine gleichsam natürlich erscheinende Ordnung von Körpern als Geschlechtskörpern hervor, beruhen aber auf kulturellen Codierungen des Körpers.

Davon ausgehend, dass das biologische Körpergeschlecht dem Körper nicht als natürliches Merkmal innewohnt, gestattet es lediglich Rückschlüsse auf seine kulturellen Konstruktionsweisen. Die Produktion des Geschlechts als scheinbar natürliches, anatomisch-biologisches Geschlecht und damit vordiskursive Tatsache erscheint so als »Effekt des kulturellen Konstruktionsapparates« (UG: 24), der das Geschlecht als biologisches erst hervorbringt. Biologisches ist kulturellen Produktionsweisen nicht vorgängig, sondern deren Wirkung. Das soziale Geschlecht umfasst daher auch jene diskursiven kulturellen Mittel, »durch die eine ›geschlechtliche Natur‹ oder ein ›natürliches Geschlecht‹ als ›vordiskursiv‹, d.h. als der Kultur vorgelagert oder als politisch neutrale Oberfläche, auf der sich Kultur einschreibt, hergestellt und etabliert wird« (UG: 24). Damit wird die gesamte Konstruktion eines biologischen und eines sozialen Geschlechts historisiert und als Wirkung kultureller Denkweisen dechiffriert. Das soziale Geschlecht umfasst das biologische Geschlecht und seinen Konstruktionsapparat gleich mit. Ein Rückgriff auf einen Körper, der nicht kulturell interpretiert wird, ist daher nicht möglich. Das natürliche Geschlecht (sex) ist definitionsgemäß immer schon ein soziales Geschlecht (gender), das, der Natur gemäß, als biologisches Geschlecht gedacht wird. Der Begriff der sozialen Geschlechtsidentität (gender identity) wird von Butler daher konsequent mit jenem kulturellen Konstruktionsapparat identifiziert, der den Eindruck der vordiskursiven Gegebenheit eines biologischen Geschlechts hinterlässt. Die »Metaphysik der Substanz« (UG: 37) eines natürlichen Geschlechtskörpers, der seiner kulturellen Interpretation vorausgesetzt zu sein scheint, führt auf den Körper-Geist-Dualismus zurück, der die abendländische philosophische Tradition bestimmt. Hier erscheinen Körper und Geist, Materie und Form als ontologische Unterscheidungen und hierarchische Ordnungen, die das Phantasma nähren, der Geist könne den Körper unterwerfen, ja, mehr noch, er könne seiner Verleiblichung entfliehen. Darüber hinaus schließt der Körper-Geist-Dualismus sich mit der Differenz der Geschlechter zusammen, die den Körper als weiblichen und den Geist als männlichen konnotiert. Diese Dualismen werden aufgehoben, wenn der Körper als diskursive Konstruktion erscheint, die seine Materialität einschließt.

Der Körper ist selbst also nicht lediglich passives Instrument oder Mittel kultureller Einschreibungen, er wird vielmehr als sozialer Geschlechtskörper diskursiv erst »ins Leben gerufen«.

Vor allem diese radikal konstruktivistische Dekonstruktion des anatomischen Geschlechtskörpers und dessen Rückführung auf die normativ-soziale Produktion natürlicher Unterschiede, die als Basis der Geschlechterdifferenz angenommen werden, haben in der Rezeption zu unerbittlichen Kontroversen geführt. Die Einsicht, dass Natur immer schon Ergebnis – und nicht Voraussetzung – kultureller Erkenntnisse ist, bildet wie keine andere ein unüberwindbares Hindernis der Aufnahme der butlerschen Thesen. Der Körper als das Authentische gilt als Bastion, die als das subjektiv Widerständige unwiederbringlich erscheint und gegen die Zwänge von Kultur und Gesellschaft verteidigt wird.

Kritische Genealogie der Geschlechterontologie

Die »kritische Genealogie der Geschlechter« verweist nicht nur auf die historische Veränderbarkeit und Kontingenz einer binären Geschlechterkonstruktion, sondern auch auf die Historizität des Verhältnisses von Natur und Kultur, das in der Binarität der Geschlechterdifferenz als das von biologischem (sex) und sozialem Geschlecht (gender), von weiblichem und männlichem Geschlecht in Erscheinung tritt. Dieses Verhältnis wird bei Butler allerdings nicht wirklich historisiert. Die historische Entstehung einer binären Wahrnehmung von Körpern als Geschlechtskörpern und einer binär strukturierten Geschlechterordnung bleibt bei Butler im Dunkeln. Dennoch verfolgt ihr Anliegen einer Dekonstruktion der Geschlechterontologie, also der Auffassung, dass Geschlecht im Körper begründete Natur sei, das Ziel der Entnaturalisierung des Denkens von Geschlecht und mithin die Destruktion der Auffassung, dass Geschlecht eine natürliche Kategorie sei, die eine Natureigenschaft von Körpern bezeichnet. Damit eröffnet sie nicht nur die Rekonstruktion einer Denkweise, die Geschlecht als soziale Kategorie fasst. Darüber hinaus erfolgt die Ablösung des sozialen Geschlechts und der Geschlechtsidentität vom Körper. (Geschlechts-)Identität erscheint nun nicht länger als Folge der körperlichen Existenz anatomischer Merkmale. Vielmehr wird sie als Wirkung intelligibler Vorgänge sichtbar, nicht zuletzt einer kulturellen »Matrix der Intelligibilität« (UG: 39), die das Geschlecht auf einen Körper zurückführt, ihn auf *ein* und nur ein Geschlecht festlegt und ihn einer Norm der Heterosexualität unterwirft. Es ist diese kausallogische Klassifikation des Körpers durch eine kulturelle Ordnung, die der Norm der Zweigeschlechtlichkeit und der Heterosexualität zum Durchbruch verhilft.

Während schon die feministische Kritik an der Formel »Anatomie ist Schicksal« – durch die Unterscheidung von »sex« und »gender« – die Einheit des Geschlechtssubjekts aufspaltete, gleichzeitig aber – durch die Konstruktion von Frauen und Männern nach dem Muster einheitlicher und voneinander abgrenzbarer Identitäten – an der inneren Kohärenz der einzelnen Elemente der binären Geschlechterdifferenz festhielt, wird die Differenz von biologischem und sozialem, von männlichem und weiblichem Geschlecht in der kategorialen Analyse Butlers bis zu dem Punkt vorangetrieben, an dem sich die feministische Kritik in den Aporien einer biologisch fundierten Geschlechterdifferenz verfing. Davon ausgehend, dass Natur nicht unabhängig von Kultur gedacht werden kann und dass Biologisches daher nur diskursiv, als Kulturell-Soziales zu haben ist, bezweifelt Butler, ihrer sprachtheoretisch-dekonstruktiven Perspektive folgend, dass das soziale Geschlecht, die Geschlechtsidentität, eine Widerspiegelung oder kausale Folge einer körperlich-organischen Ausstattung sei. Das Geschlecht, festgemacht an körperlichen »Wahr-Zeichen«[43] – den Geschlechtsorganen –, wird vielmehr zur Metapher einer Geschlechterordnung, die Merkmale des Körpers in Geschlechterkategorien überführt. Dies geschieht mithilfe von Kategorien, die den Körper als Geschlechtskörper kartographieren, klassifizieren und markieren.

Die »Matrix der Intelligibilität«

Dabei folgt die Codierung des Körpers als Geschlechtskörper kulturspezifischen Ordnungsstrukturen, diskursiven Regeln, die, als kulturelle Imperative, über die Zurechnung von Körpern und Subjekten zu einem Geschlecht entscheiden. Sie bilden als Geschlechterordnung das historische Apriori, die historische Bedingung der Wahrnehmung des Körpers als binär strukturierter Geschlechtskörper und den Rahmen für seine Zuordnung zu ausschließlich einem Geschlecht. Die Frage, was der Körper ist, verweist zurück auf seine Diskursstelle in einer binär organisierten, heterosexuellen Matrix, die an ihn und seine »Natur« delegiert, was diskursiv, technisch und sozial zu denken ist.[44] Die Entstehung dieser Matrix als binäre Ordnung der Geschlechter geht zurück auf die »Erkenntnispolitik der Humanwissenschaften«[45]. So werden aus Serien von »Abstufungen«, »Zwischenformen«, »Verirrungen« und »Perversionen« im 19. Jahrhundert zunächst bloße »An-Zeichen« des einen, »wahren« Geschlechts, dann anatomische, idealtypische Rekonstruktionen von Zweigeschlechtlichkeit gewonnen.[46] Die Herstellung und Reproduktion dieser Matrix unterliegt, wie die des Körpergeschlechts und der Geschlechtsidentität, der Performanz. Sie ist Ergebnis unaufhörlicher Bezeichnungen und Umschreibungen. »Von entscheidender Bedeutung [...] ist, daß die Konstruktion weder ein einzelner Akt noch ein kausaler Prozeß ist, der von einem Subjekt ausgeht und in einer Anzahl festgelegter Wirkungen endet.« (KvG: 32)

Eine dieser Umschreibungen der Geschlechterordnung findet durch humanwissenschaftliche Verfahren des 19. Jahrhunderts, vor allem von Disziplinen wie Gynäkologie und Sexualwissenschaft, statt, »mit denen eine strenge Einheit zwischen dem anatomischen [...] und sozialen Geschlecht und damit eine klare Geschlechterdifferenz hergestellt werden soll«[47]. Aber gerade diese »Verfahren, die das Wissen, was Mann, was Frau ist, garantieren sollen, machen in ihrer diskursiven Explosion die Anstrengungen deutlich, die nötig sind, ein exaktes Wissen um Geschlechterdifferenz im Rahmen der Humanwissenschaften zu ermöglichen«[48]. Es erfolgen unzählige Versuche, das Geschlecht über die Fortpflanzungsorgane, über hormonelle Prozesse (endokrinologische Diskurse), über die sexuellen Organe (sexualwissenschaftliche Diskurse) und über die Sexualtriebe als psychische »Organe« (Freud) zu bestimmen.[49] Sexualwissenschaftliche und -pathologische sowie medizinische Diskurse konstituieren zunächst einen »Raum infinitesimaler Streuung«[50]. Durch den Wegfall eines eindeutigen geschlechtsbestimmten Kriteriums droht die Polarisierung der Geschlechter in einer »seriellen Verteilung sexueller Formen zu verschwinden«[51]. Das Bestreben, Geschlecht als anatomisch-biologische Kategorie zu begründen, scheitert. Es läuft auf statistische Häufigkeitsverteilungen hinaus, die einen Durchschnitt männlicher und weiblicher Geschlechtsmerkmale begründen, wo die Konstruktion von Geschlechtertypen als voneinander abgegrenzte Einheiten angestrebt war. Aber selbst die statistischen Serien zeigen keine eindeutigen Anhaltspunkte. »Statt zweier Geschlechter liefern die medizinischen Experten nichts als eine endlose Serie.«[52] Der endlosen Skala von Pseudoformen tritt als Möglichkeitsbedingung eine klare Scheidung der Geschlechter gegenüber. Erst durch Einfügung polarisierender Zäsuren in ein Kontinuum von Geschlechtsmerkmalen gelingt es, die Streuung produktiv zu machen für die eindeutige und damit »wahre« Bestimmung des Geschlechts. Dabei begründen Methoden des Sammelns und Klassifizierens durch die scheinbar »klaren Alternativen vorher/nachher oder vorhanden/nicht-vorhanden [...] Ergebnisse von hoher Eindeutigkeit und Zuverlässigkeit«[53]. Die Binarität der Geschlechterdifferenz scheint so als messbare, naturwissenschaftliche Größe hervorgebracht zu sein. Genealogisch betrachtet bildet die binäre Einheit eines anatomischen und sozialen, männlichen und weiblichen Geschlechts jedoch eine Wirkung des politischen Einsatzes der Kategorie Geschlecht. Ihr Status im Rahmen einer Geschlechter- und Bevölkerungspolitik bildet die Voraussetzung von Prozeduren, Verfahren und Technologien, mit deren Hilfe die Geschlechter als biologische sichtbar gemacht und begründet werden sollen. »Soziale Geschlechterrollen werden zu Möglichkeitsbedingungen der Prozeduren, die ein eindeutiges biologisches Geschlecht erzeugen sollen: Wo gender war, soll sex werden.«[54] Damit wird das soziale Geschlecht historisch zur Voraussetzung des biologischen Geschlechts. In einem nächsten Schritt erscheint das sozial Konstruierte als Biologisches; es bildet den Ort, an dem es, als Ontologie der Geschlechter hervorgebracht, die Annahme einer vordiskursiven Anatomie erhärtet. Transformiert und umgekehrt in die Logik: »Wo sex war, soll gender werden«, erscheint Biologisches nun umgekehrt als Naturressource, aus dem Soziales hervorgeht. Damit wird der Körper zum Ursprungsort einer Kausalität, die organische Gegebenheiten in soziale, psychische und moralische Qualitäten übersetzt und den Körper zum Schauplatz der eindeutigen Differenz und Unverwechselbarkeit der Geschlechter macht.[55]

In einer »abschließenden, unwissenschaftlichen Nachschrift« zu Foucaults Analyse der Sexualität im ersten Band von *Sexualität und Wahrheit* und seiner Einleitung zu den von ihm veröffentlichten Tagebüchern von *Herculine Barbin* – einem Hermaphroditen[56] – nimmt Butler Stellung zum kulturellen Diskurs, der im Dienste der Fortpflanzung die äußeren Genitalien als Wahrzeichen, als »definierende ›Zeichen‹ des Geschlechts« (UG: 163) ansieht. Sie stellt die These auf, dass »die Untersuchung der Bestimmung des anatomischen Geschlechts (sex) durch kulturelle Annahmen über den jeweiligen Status von Männern und Frauen und durch die binären Geschlechter-Beziehungen (gendered relations) selbst eingerahmt und zentriert wird« (UG: 163). Beispiele aus der Molekularbiologie zeigen ihrer Auffassung nach, dass in den Fällen, in denen sich einzelne Bestandteile des anatomischen Geschlechts nicht zu einer erkennbaren Kohärenz oder Einheit zusammenfügen, die Evidenz der äußeren Geschlechtsmerkmale herhalten muss. Dies aber widerspricht gerade den experimentellen Verfahren der Geschlechtsbestimmung, die »implizit die Beschreibungskraft der verfügbaren [binären] Kategorien des anatomischen Geschlechts in Frage stellen« (UG: 162).

Mit Bezug auf die Kontroverse über das sog. Mastergen, mit dem Forscher des MIT 1987 einen »verborgenen, sicheren Bestimmungsfaktor des Geschlechts«, nämlich »›die binäre Schaltstelle‹ entdeckt zu haben [glaubten], von der alle dimorphen Geschlechtsmerkmale abhängen« (UG: 159), stellt Butler fest, dass die geschlechtliche Kategorisierung der Testpersonen als männlich oder weiblich durch Rückgriff auf die offenkundigen primären und sekundären Geschlechtsmerkmale vorgenommen wurde.[57]

Für die genetischen Analysen der Molekularbiologie ist das Modell eines genetischen Codes grundlegend. Diesen genetischen Code bezeichnet Lily E. Kay als einen metaphorisch verschlüsselten Informationscode, eine historische Metapher, mit der Natur, Vererbung und Gesellschaft und damit auch das »Buch« des Lebens »entschlüsselt« werden sollen. Hierbei handelt es sich um eine Technologie, die – im Feld der »life science« und »techno science« situiert – eine spezifische, technisch-mediale Konstruktionsweise von Natur bezeichnet. Hergestellt wird hier eine Natur, die es – scheinbar – zu entdecken gilt, die aber unter Laborbedingungen konstruiert wird.[58] Der genetische Code repräsentiert einen Informationsdiskurs, der Praktiken der Lebenskontrolle durch die Kontrolle genetischer Informationen ergänzt.[59]

So unterstellt auch der genetische Code Analogien von biologischem und sozialem Körper; er bezieht sich nicht auf eine Ontologie. Der Geschlechtskörper erscheint vielmehr auch hier als kontingenter Ort von Zuschreibungen, der auch anders konstruiert sein könnte. Seine Entschlüsselung unterliegt Mehrdeutigkeiten. Die Annahme, dass die auf der Logik des Körpers begründete Identität eines (Geschlechts-)Subjekts an genetischen Informationen ablesbar ist, reproduziert die Fiktion, dass einer versteckten Wahrheit auf die Spur zu kommen sei.[60] Damit fällt der Diskurs hinter das zurück, was das experimentelle Verfahren eigentlich verspricht: die Sichtbarmachung des Nichtsichtbaren. Gerade die Sichtbarkeit des Körpers aber funktioniert hier als eine Machtstrategie. Foucault spricht in diesem Zusammenhang von einer »Anatomie-Politik« des menschlichen Körpers, die erst den Zugriff der Lebensmacht auf das Innere des Körpers ermöglicht.

Ihre volle Bedeutung erhält diese Strategie erst im Rahmen einer Körper- und Bevölkerungspolitik. Hier verschränken sich das Biologische, das Soziale und das Historische in einer Komplexität, »die im gleichen Maße wächst, wie sich die modernen Lebens-Macht-Technologien entwickeln«[61]. Die anatomische Bestimmung des Geschlechts ist also ein Effekt der Sorge um die Generativität des Lebens. Körperdisziplin und Bevölkerungsregulierung bilden die zwei Pole einer Macht, um die herum sich die Macht über das Leben in modernen Gesellschaften auf allen Ebenen des sozialen Körpers organisiert hat. Sie richtet sich zugleich auf den individuellen Körper und auf die biologischen Gesamtprozesse der Bevölkerung. Geht es zum einen um die Disziplinierung, Optimierung und Nutzbarmachung des Organischen, damit aber auch um seine Integration in Systeme der ökonomisch effizienten Kontrolle, so zum anderen um die biologische Vielfalt des Bevölkerungssubjekts, um statistische Berechnungen der Geburten- und Sterberate, des Gesundheitsniveaus, der Lebenserwartung und Lebensvorsorge. Die Eindeutigkeit des anatomischen Geschlechts wird unter Rekurs auf den Zusammenhang von Geschlecht, Heterosexualität und Reproduktion hergestellt, obwohl die Forschungslage auch andere Schlüsse zulassen würde.

In Umkehrung der »substantivischen Grammatik« (UG: 41) des Geschlechts geht Butler mit Bezug auf Michel Foucault und Monique Wittig davon aus, dass die Kategorie Geschlecht nicht nur Wirkung (statt Ursache) einer Ökonomie der Sexualität ist, sondern darüber hinaus sowohl »ein künstliches binäres Verhältnis zwischen den Geschlechtern [...] als auch die künstliche innere Kohärenz jedes einzelnen Terms dieser Binarität« (UG: 41) erzwingt. Daraus ergeben sich der Ausschluss abweichender geschlechtlicher Identitäten, die von der Norm der Heterosexualität abweichen, und die Eröffnung »rivalisierender, subversiver Matrixen der Geschlechter-Unordnung (gender disorder)« (UG: 39), »die mit den Hegemonien der Heterosexualität, der Fortpflanzung [...] bricht« (UG: 41).

Geschlecht erscheint nun nicht nur als soziale Konstruktion, sondern als Wirkung eines gegebenen Regimes der (Hetero-) Sexualität. Das Sexualitätsdispositiv geht, als Verschränkung von Diskursen, Praktiken und Technologien, mit denen die Sexualität ins Zentrum einer Bio-Macht rückt, dem Geschlechterdispositiv als Macht-Wissens-Komplex voraus. Im Zentrum des Sexualitätsdispositivs als Komplex von Erkenntnisweisen, Normen und mehr oder weniger standardisierten Bekenntnisritualen, die an kirchliche Beichtpraktiken anschließen, steht die historische Formierung der Sexualpraktiken des Individuums und der Bevölkerung mit dem Ziel der Konstitution einer heterosexuellen, fortpflanzungsorientierten Sexualität. Ein Dispositiv ist aber bei Foucault, anders als bei Butler, eher durch Vermehrung und Intensivierung des Wissens und der Praktiken, die sich zu einem Macht-Wissens-Komplex disparater und heterogener Elemente zusammenschalten, als durch negative Ausschließungs-

und Verwerfungsmechanismen gekennzeichnet. Es handelt sich um eine Form der Intensivierung der Macht, die »ein feines Netz von Diskursen«[62] und Machtstrategien um einen diskursiv hervorgebrachten Gegenstand spannt. Der Repressionscharakter von Dispositiven ist demgegenüber zweitrangig. Foucault geht aufgrund der Vielzahl historischer Diskurse und der Intensität der Diskursivierung der Sexualität seit dem 18. Jahrhundert davon aus, dass die Sexualität in einem Kreuzungspunkt von Geständnis- und wissenschaftlichen Verfahren zentral ist für die Konstitution von Subjektivität und Geschlecht in modernen Gesellschaften.

Geschlecht wird damit durch eine spezifische, historische Form der Sexualität hervorgebracht. Es steht im Dienst der (Hetero-)Sexualität, die das Geschlecht als binäres markiert. Dabei handelt es sich nicht einfach um eine binäre Differenz der Geschlechter, sondern um die Markierung einer Differenz, in der das männliche Geschlecht als – universelles und allgemeines – Subjekt firmiert und das weibliche den Subjektstatus niemals erreicht. Durch die kulturelle Matrix bekommt das Geschlecht eine Unausweichlichkeit. Es kann nicht wie eine Verkleidung oder Maskerade gewechselt werden, sondern ist als »wahres«, »authentisches« grundlegend für die Einheit einer Identität. Damit wird die heterosexuelle Matrix zu einer Zwangsordnung des Geschlechts. Diese Matrix bestimmt die normativen Regeln, nach denen die Geschlechter sozial entstehen und sich als – heterosexuelle – Männer und Frauen aufeinander beziehen. (Vgl. KoG: 57 f.; KvG: 21 f.) Damit werden andere Formen des Geschlechts und der Geschlechterbeziehung ausgegrenzt. Als Abweichung von der – heterosexuellen – Norm werden sie zum Gegenstand gesellschaftlicher Praktiken der Disziplinierung und der flexiblen Hervorbringung der Norm, der »Normalisierung«[63]. Diese »Matrix mit Ausschlußcharakter, durch die

Subjekte gebildet werden« (KvG: 23), geht den Subjekten voraus.

Rein theoretisch besteht sie aus beliebig vielen Kombinationsmöglichkeiten ihrer Elemente. Als Hegemonialmodell aber ist sie, was die Geschlechterdifferenz betrifft, lediglich auf *zwei* Möglichkeiten beschränkt, nämlich auf die Differenz von Männlichkeit und Weiblichkeit, und was die Geschlechterbeziehung betrifft, auf *eine* Form, nämlich die einer heterosexuellen Beziehung der Geschlechter. Sprachtheoretisch bildet die Matrix eine Metapher für Referenz-, Verweisungs- und Differenzstrukturen. Demnach entsteht der Sinn eines Elements der Matrix durch Verweis auf andere Elemente, im Falle des Weiblichen also durch Beziehung auf das Männliche, denn mehr Elemente gibt es innerhalb der hegemonialen heterosexuellen Zwangsordnung nicht. Die Bestimmung des Männlichen erfolgt nach dem gleichen Muster, also: männlich ≠ (ist nicht gleich) weiblich. Was als Bedeutung (von Männlichkeit) positiviert erscheint, ist also tatsächlich ein Effekt von Bezügen, die selbst in dem, was gesagt wird, nicht anwesend sind. Auch Kategorien wie androgyn, bi-, trans- oder homosexuell verweisen immer auf die Differenz einer Zweigeschlechtlichkeit von weiblich und männlich und die Unterscheidung von Homo- und Heterosexualität. So ist etwa die Kategorie androgyn als das das Weibliche und Männliche Überschreitende und Uneindeutige ohne Bezugnahme auf diese nicht verständlich. Als das über die binäre, heterosexuell strukturierte Geschlechterdifferenz Hinausweisende ist es zugleich immer auf die Norm der Differenz (des Weiblichen und des Männlichen) zurück- und in sie eingebunden.

Das System der Zweigeschlechtlichkeit und mit ihm das eines biologischen und eines sozialen Geschlechts kann als Artikulation einer gesellschaftlichen Machtstrategie betrachtet werden, deren organisierendes Prinzip das Geschlecht bildet. Es ist stra-

tegisch eingebunden in die biopolitische Regulierung der Bevölkerung. Geschlecht und Sexualität bilden daher im Rahmen
einer gesellschaftlichen Geschlechter- und Bevölkerungspolitik
die zentralen Instrumente, die die natürliche Reproduktion und
die soziale Ordnung der Gesellschaft gewährleisten sollen.

»Körper von Gewicht«: Diskursive Grenzen des Geschlechts

Butlers zentrales Anliegen, das sie zuerst im *Unbehagen der Geschlechter* vorstellt und mit Nachdruck in *Körper von Gewicht*
gegen die Auffassung verteidigt, »die Relevanz des Biologischen
bei der Determinierung der Geschlechtsidentität [werde] gänz-
lich verneint« (KvG: 9), ist, kurz gesagt, dass Geschlecht ein
künstliches und soziales Konstrukt ist. Die Vorstellungen von
dem, was Frauen und Männer sind, spiegeln nicht Natur. Sie
rühren von kulturellen Gewohnheiten her, die in soziale Machtbeziehungen eingebettet sind: Ideen über die »Natur der Geschlechter« entstehen aus Machtbeziehungen, in denen sich Diskurse mit Institutionen, Gesetzen, Programmen etc. zu einem
»strategischen Imperativ«[64] verbinden. Dieser verdichtet sich bei
Butler in der Matrix, die einen Körper, ein Subjekt erst für ein
Leben im Bereich kultureller Intelligibilität qualifiziert.

Mit Bezug auf Michel Foucault geht Butler davon aus, dass
diskursive Praktiken und Machttechnologien sich zu materiellen
Strukturen verfestigen, sodass der Körper schließlich als somatischer Komplex und körperliche Materialität zur Naturressource
des Geschlechts wird. Materie wird in dieser dekonstruktivistischen Lesart durch Diskurse formiert. Die Frage, was Materie
und was der Körper als Materie sei, wird daher auf seine kulturelle Produktionsweise verschoben. Durch symbolisch-sprachli-
che Prozesse und materielle Praktiken hervorgebracht, wird dem

Körper diskursiv die Bedeutung eines biologischen Substrats von Geschlecht, Sexualität und Identität beigemessen. Dabei bilden kulturelle Annahmen den Rahmen für die Zuweisung von Körpern zu einem Geschlecht. Diffuse Befunde am Körper werden in scheinbar evidente Trennkategorien des Geschlechts überführt.

Dabei leugnet die dekonstruktivistische Position Butlers keineswegs den Körper in seiner materiellen Beschaffenheit. Die Materialität von Körpern wird vielmehr in den sozialen Prozess miteinbezogen und zu einem Bestandteil von Geschichte, ohne damit aber aufzuhören, Körper zu sein. Sie verwandeln sich nicht in Symbole, Zeichen oder Positionen im Diskurs. Ihre Materialität löst sich nicht auf, sondern bleibt, »vollständig erfüllt [...] mit abgelagerten Diskursen« (KvG: 53), von Bedeutung. Geschlechtskörper bilden, so betrachtet, eine verkörper(lich)te soziale Realität, die ihnen erst eine materielle Existenzweise sichert. Geschlechterdifferenz erscheint dann, wie die Bestimmung des Körpergeschlechts und des Geschlechtskörpers, als Effekt sozialer Machtpraktiken. Was dekonstruiert wird, ist die Naturbasis von Geschlecht; sie wird in ihrer Historizität rekonstruiert. Der biologische (Geschlechts-)Körper gewinnt in seiner materiellen Existenzweise leibliche Eigenständigkeit, gerade weil er durch soziale Praktiken hervorgebracht und in diese eingebunden ist.

Dabei wird die Materialität von Körpern als »produktive Wirkung von Macht« (KvG: 22) gedacht. Körperliche Materie wird als Wirkung der technologischen Erzeugung ausgelegt. Biologisches erscheint als Einschreibung von Normen einer kulturellen Matrix in einen Organismus.

In diesem Zusammenhang stellt sich die Frage, wie es zu der hervorragenden Bedeutung des *einen* Körpers, der *einen* Identität und des *einen* Subjekts kommt, die andere ausschließen.

Zur Beantwortung dieser Frage verweist Butler auf die »Matrix mit Ausschlußcharakter, durch die Subjekte gebildet werden«, die aber gleichzeitig »einen Bereich verworfener Wesen« hervorbringt, die »noch nicht ›Subjekte‹ sind, sondern das konstitutive Außen zum Bereich des Subjekts abgeben« (KvG: 23). Jede Möglichkeit von Identität und innerer Kohärenz eines Geschlechtssubjekts, das sich im Bereich dieser Matrix konstituiert, kommt auf der Grundlage von Ausschließungen zustande und produziert Ausschlüsse und ausgeschlossene »Subjekte«. Die Unterwerfung unter eine Matrix der Binarität verlangt, so Butlers Argument, die Verwerfung von Subjektformen, die sich dieser Matrix nicht ein- und unterordnen lassen. Das Verworfene wird zum konstitutiven Außen des Subjekts, das kraft des Ausschlussprinzips und durch innere Abgrenzung vom Anderen zustande kommt. Andersheit wird zur Voraussetzung von Identität. »Das Verworfene [the abject] bezeichnet hier genau jene ›nicht-lebbaren‹ und ›unbewohnbaren‹ Zonen des sozialen Lebens, die dennoch dicht bevölkert sind von denjenigen, die nicht den Status des Subjekts genießen, deren Leben im Zeichen des ›Nicht-Lebbaren‹ jedoch benötigt wird, um den Bereich des Subjekts einzugrenzen. Diese Zone der Unbewohnbarkeit wird die definitorische Grenze für den Bereich des Subjekts abgeben.« (KvG: 23). Darin liegt aber eine Paradoxie: Die kulturelle Geltung der Ordnung der Geschlechter entscheidet über Zurechnungsfähigkeit, Zuweisung eines Subjektstatus, Anerkennung der Person. Gleichzeitig ist das Raster der Norm für seinen Geltungsanspruch angewiesen auf das Gebiet der Abweichung, den Bereich derer, die aus ihm herausfallen. Die Errichtung von Grenzen und mit ihr die Produktion und Zurückweisung verworfener, entlegitimierter Körper werden zur Bedingung derjenigen, »die sich mit der Materialisierung der Norm als Körper qualifizieren, die ins Gewicht fallen« (KvG: 40).

Die Anerkennung der Künstlichkeit von Geschlechterunterscheidungen, die zugleich deren Ablösung von jeder natürlichen Wirklichkeit – von nur zwei Geschlechtern – impliziert, bedeutet zwar, dass das Geschlecht als Variable ohne scharfe Grenzen denkbar ist, die theoretisch unendlich viele Möglichkeiten des Geschlechts eröffnet, praktisch aber durch die geschlechtsspezifische Matrix begrenzt wird. Sie geht, als Bereich von Sprache und Verwandtschaft, dem Subjekt voraus. Es geht also nicht darum, ein Geschlecht zu »erfinden«. Vielmehr ist das Subjekt zur Wiederholung der vorgefundenen Machtstrukturen gezwungen. Dennoch erlaubt die Vorstellung, dass das Geschlecht performativ, durch Wiederholung, hergestellt wird, die subversive Verschiebung des »Originals«, das sich eher als »Kopie einer Kopie« erweist, da es, so Butler, »nichts anderes als eine Parodie der Idee des Natürlichen und Ursprünglichen ist« (UG: 58).

Performativität des Geschlechts

Performativität ist die Macht des Diskurses, durch ständige Wiederholungen Wirkungen zu produzieren. Die Materialisierung des Körpers als Geschlechtskörper geschieht durch wiederholte Zuschreibung und performative Handlung, als eine Abfolge normativierender Einschärfungen. Materialisierung stellt sich so als »ein Erlangen des Daseins durch Macht« (KvG: 38) dar. Geschlecht ist dann das Ergebnis immer wieder performativ inszenierter Prozesse und deren institutioneller Sedimentierung. Das bedeutet aber nicht, dass Geschlecht losgelöst von der biologischen Materialität des Körpers gedacht werden kann. Es bedeutet lediglich, dass auch das biologisch-anatomische Körpergeschlecht ein normatives Konstrukt ist. Der performative Charakter des Geschlechts schließt das Körpergeschlecht mit ein.

Butler geht auf die Kritik an der konstruktivistischen Perspektive ein, indem sie die Grundannahmen dieser Kritik deutlich macht und dekonstruiert: Es »sieht [...] so aus, als widerlege die Konstruktivistin die Wirklichkeit der Körper [...] und die angeblichen Tatsachen der Geburt, des Alterns, von Krankheit und Tod. Der Kritiker verdächtigt die Konstruktivistin auch einer gewissen Körperfeindlichkeit und will sich vergewissern, daß diese abgehobene Theoretikerin zugesteht, daß zumindest minimale, nach Geschlecht differenzierte Körperteile, Tätigkeiten und Fähigkeiten und hormonelle sowie in den Chromosomen verankerte Unterschiede vorhanden sind, die ohne Bezugnahme auf eine ›Konstruktion‹ eingeräumt werden können.« (KvG: 32 f.) Und sie problematisiert die Voraussetzungen einer nichtkonstruktivistischen Perspektive: »Die Unbestreitbarkeit des ›biologischen Geschlechts‹ oder seiner ›Materialität‹ ›einzuräumen‹ heißt stets, daß man irgendeine Version des ›biologischen Geschlechts‹, irgendeine Ausformung von ›Materialität‹ anerkennt. Ist nicht der Diskurs, in dem und durch den dieses Zugeständnis erfolgt [...], selbst formierend für genau das Phänomen, das er einräumt? Die Behauptung, jener Diskurs sei formierend, ist nicht gleichbedeutend mit der Behauptung, er erschaffe, verursache oder mache erschöpfend aus, was er einräumt; wohl aber wird behauptet, daß es keine Bezugnahme auf einen reinen Körper gibt, die nicht zugleich eine weitere Formierung dieses Körpers wäre.« (KvG: 33)

Das bedeutet: Die diskursive Performativität des biologischen (Körper-)Geschlechts, als Wiederholung von Normen dargestellt, produziert erst das, worauf sie sich zu beziehen scheint, ihre Materialität, deren Grenzen, Fixierungen und Oberflächen. Diese sind historisch veränderbar und werden durch regulierende Schemata zu jeweils intelligiblen Körpern geformt.

Das Geschlecht ist daher nicht Ergebnis eines voluntaristischen Konstrukts sozialer Realität oder einer frei improvisierten, theatralischen Darstellung, die den biologischen Körper außer Acht lassen kann. Auch wird die Geschlechtszugehörigkeit nicht durch Handlungen, Gesten oder durch Sprache »ausgedrückt«. Vielmehr produziert die Performativität nachträglich die Illusion eines inneren Geschlechterkerns. Wie Butler mit Bezug auf *Das Unbehagen der Geschlechter* und ihre bereits dort vertretene Theorie der Geschlechtszugehörigkeit als performativ erzeugte in *Psyche der Macht* noch einmal klarstellt: »Die Performanz der Geschlechtszugehörigkeit erzeugt rückwirkend den Effekt eines irgendwie wahren oder bleibenden Wesens.« (PdM: 136) Diese nachträgliche Wirkung verdankt sich der ritualisierten Wiederholung von Konventionen, die gesellschaftlich erzwungen und an das kulturelle Konstrukt heterosexueller Zweigeschlechtlichkeit gebunden ist. Aber Butler erweitert ihre Auffassung, dass die Geschlechtszugehörigkeit etwas Performatives ist, dahingehend, dass sie auf die Verwerfungen hinweist, die damit verbunden sind: »In der ›normalen‹ Darstellung der Geschlechter ist das performierte Geschlecht durch eine Gruppe verleugneter Verhaftungen konstituiert [...]. Was in diesem Sinn also am offensichtlichsten als Geschlecht performiert wird, ist Zeichen und Symptom einer tiefreichenden Verleugnung.« (PdM: 138 f.) Diese Strategie schreibt der Heterosexualität, wie Butler annimmt, einen monolithischen Status zu und führt zu falschen Abgrenzungen.

Die Kohärenz zwischen geschlechtlich differenzierten Körpern, Begehren und Identitäten folgt in dieser Perspektive einem normativen Ideal, das die kulturellen Möglichkeiten geschlechtlicher Existenzweisen reguliert und einschränkt. Sie bildet den Effekt performativer Praktiken, die den Schein eines natürlichen geschlechtlichen Wesenskerns erzeugen.

Indem Menschen sich verhalten, als gäbe es »von Natur aus«

Männer und Frauen, bestätigen sie die soziale Fiktion, dass diese Natur existiert. Es gibt sie nicht unabhängig von dem, was Menschen *tun*. Geschlecht ist eher das, was Menschen zu bestimmten Zeiten *tun*, als das, was Menschen zu jeder Zeit und an jedem Ort, also universell, *sind*. In gewisser Weise ähnelt der Begriff der Performativität dem althusserschen Begriff der Anrufung. In beiden Fällen wird ein Subjekt »bewirkt«, in Kraft gesetzt. Ebenso wird das Geschlecht durch eine lange Kette von Anrufungen und ritualhaften Wiederholungen »ausgelöst«. Es ist Effekt der Sedimentierung wiederholender Anrufungen. (Vgl. SR: 98) Geschlechtliche Identität erscheint so als Effekt performativer Handlungen und geht diesen nicht als innerer Wesenskern eines Selbst voraus.

Die performative Wirkung einer sprachlichen, beschreibenden Handlung beruht auf einem dicht gewobenen Netz sozialer Beziehungen und der Matrix der Zweigeschlechtlichkeit, die bewirkt, dass die getroffene Zuschreibung von den Beteiligten akzeptiert wird. Das in der Geschlechterordnung kulturell verankerte System der Zweigeschlechtlichkeit verleiht somit performativen Akten eine kulturelle Autorität. Das bedeutet aber auch: Die Performativität des Geschlechts ist die Garantie für die kulturelle Reproduktion einer hegemonial wirkenden, heterosexuellen Geschlechtermatrix, die Butler als binärer Zwangsrahmen von Geschlecht gilt. Damit stellt sich aber die politische Frage nach den Kosten einer kohärenten Identität, die auf Ausschluss und Verleugnung nicht anerkannter und willkürlich begrenzter Subjektpositionen beruht.

Zugleich ermöglicht jedoch die Performativität der Geschlechtszugehörigkeit die Unterminierung der diskursiven Normierung von Geschlechtsidentität und (Hetero-)Sexualität. Denn: Die Veränderung des Kontexts, in dem eine Äußerung (Zuschreibung) stattfindet, verändert auch ihre Bedeutung. Sie kann daher durch Verschiebungen von Zuschreibungen und Handlungen zumindest zeitweise außer Kraft gesetzt und schließlich normativ verändert werden.

Der springende Punkt dabei ist, dass die Performativität des Geschlechts sich nicht auf etwas Gegebenes bezieht, sondern in der Wiederholung, in der Zitatförmigkeit immer wieder aktiv hervorgebracht wird. Auch die Matrix, die dem Handeln des Subjekts vorgängig ist, ist nicht in einer starren Form gegeben, sie wird vielmehr selbst durch Zitieren erst – als dem subjektiven Handeln vorgängige – erzeugt und immer wieder reproduziert oder verschoben. In dieser zitatförmigen, wiederholenden und reartikulierenden Praxis ist die Widersetzung verortet. Sie ist der Macht immanent und wird nicht von außen der Macht entgegengesetzt. Die Performanz des Geschlechts birgt die Verschiebung der Normen in sich; Normen werden nie auf die gleiche Weise zitiert. Die »Verfehlung« der Normen ist sozusagen in die Normen selbst eingebaut.

Innerhalb der »Matrix der Macht« zu operieren bietet nach Butler die Möglichkeit, in der Wiederholung die Norm zu verschieben, statt zu festigen. Politisch aussichtsreich im Sinne streitbarer Praktiken und politischer Handlungsfähigkeit scheint ihr daher die Zitatförmigkeit, die inszenierte Performativität von Geschlecht.

4. Butlers politische Theorie

Im Folgenden geht es um die politische Verankerung und »Erdung« der Theorie Butlers. Sie eröffnet Einsichten in die von ihr entwickelte »Politik des Performativen« als Konzept politischer Subversion. Von der Klärung der Bedingungen, der Möglichkeiten und Grenzen politischer Subversion hängt es schließlich ab, ob und inwiefern eine performative Macht durchbrochen werden kann. Dieser Punkt berührt »die Möglichkeit des Sprechakts als Akt des Widerstands« (HS: 226).

Das Bindeglied zwischen Butlers Ansatz der politischen Subversion und den sexualpolitischen Implikationen ihrer Theorie besteht daher im Konzept der Performativität. In ihm verknüpft sich die Annahme der sozialen Wirkmächtigkeit von Sprechakten mit dem politischen Programm des »gender trouble«, der Geschlechterverwirrung.

Judith Butlers Überlegungen kreisen immer wieder um das Problem, wie subversive Wiederholungen zustande kommen können. In Auseinandersetzung mit sprachtheoretisch-linguistischen Ansätzen versucht sie, trotz der Einsicht in die Ubiquität der Macht, die sie von Foucault übernimmt, »einen begrifflichen Raum zu eröffnen, der Veränderungen zu denken erlaubt, ohne auf die Fiktion eines souveränen (Sprach-)Subjekts zurückgreifen zu müssen«[65]. Butlers Interesse gilt also der gesellschaftlichen Macht der Performativität und der kritischen Potenz performativer Sprechakte. In diesem Kontext erfolgt der Rückgriff auf eine Theorie der – politischen – Praxis und der Ökonomie der Sprechakte, die die Macht performativer Sprechakte im System gesellschaftlicher Machtstrukturen verankert. Während sie auf der einen Seite Derridas sprachtheoretische Ausblendung des Sozialen kritisiert, geht sie auf der anderen Seite davon aus, dass die Unterscheidung von Gesellschaft und Sprache, die Bourdieu seiner Theorie zugrunde legt, sich sprachtheoretisch letztlich erübrigt. Im Habitus, der durch die Funktionsweise von Performativität hervorgerufen wird und als »Speicher einer verkörperten Geschichte« (HS: 216) zu betrachten ist, fällt, so Butler, beides zusammen. Er repräsentiert als körperlicher Stil »die stillschweigende und materiale Funktionsweise von Performativität« (HS: 217).

Butlers Versuch der Vermittlung sprachtheoretischer Positionen, wie der von John Austin und Jacques Derrida, mit dem Problem der theoretischen Unterscheidung des Gesellschaftlichen und des Sprachlichen durch die soziologische Habitus- und Sprechakttheorie Pierre Bourdieus – wonach sprachliche Praktiken eine Gesellschaftsordnung widerspiegeln, die kraft performativer Äußerungen Effekt gesellschaftlicher Machtstrukturen und -positionen ist – führt sie zunächst zu der konsequenten Aussage: »Eine Struktur bleibt nur dann eine Struktur, wenn sie immer wieder als solche eingesetzt wird.« (HS: 198) Damit ermöglicht die Performativität der Struktur einen Bruch mit der Reproduktion der Macht. Denn die Performativität der Struktur gilt, so Butler, sowohl für die Macht von Diskursregimen als auch für deren Verwerfung. In der Reproduktion der Struktur durch eine wiederholende Sprachpraxis sieht Butler folglich die Möglichkeit, Strukturen aufzubrechen.

In ihrer Theorie einer *Politik des Performativen* wirft sie die Frage nach den zitatförmigen Verfahren der Verwerfung auf, nach der wiederholten Konstitution derjenigen Kategorien, die dafür sorgen, dass etwas als normal oder als abweichend gilt, dass Körper und Subjekte »von Gewicht« sind oder nicht. Hier nimmt sie vor allem jene Möglichkeiten in den Blick, die sie mit einem politischen Versprechen performativer Äußerungen belegt: Es geht darum, sozial autorisierte Kontexte von Sprechakten durch performative Verschiebung zu durchbrechen. In dieser Möglichkeit, dass ein Sprechakt eine nichtkonventionale Bedeutung annehmen kann, sieht Butler den politischen Stellenwert sich wiederholender Sprechhandlungen begründet.

Dabei bilden die Einsicht in den Zwangscharakter diskursiv erzeugter Geschlechtsidentitäten und die Kritik an einer heterosexuellen Matrix, die Subjekte in die Norm einer binären Geschlechterdifferenz zwingt, den zentralen sexualpolitischen Bezug der Theorie Butlers. Sie stellen die Grundlage für ihr Programm subversiver Identitätspolitik(en) dar. Ihr geht es nicht um eine Gleichursprünglichkeit von Differenz und Hierarchie sowie um die aus diesem Programm folgende »Dekonstruktion der Differenz«, wie sie kennzeichnend ist für ethnomethodologisch-konstruktivistische Varianten der Geschlechterforschung.[66] Vielmehr beabsichtigt sie durch unnachsichtiges Aufdecken des Konstruktionscharakters von Geschlecht die Reintegration des/der Ausgeschlossenen, die Erweiterung des gesellschaftlich Anerkannten, die Pluralisierung und Integration ausgegrenzter und verworfener Identitätsformen.

Ausgangspunkt ihrer politischen Theorie ist die Annahme, dass auch das biologische Geschlecht, »sex«, durch materialisierende Akte der Sprache in einer Art ständiger Wiederholung und Nachahmung von Normen erzeugt wird. Konsequent lehnt Butler, wie wir gesehen haben, die feministische Unterscheidung von »sex« und »gender« ab; »sex« löst sich in »gender« auf. Die »Natur« der Geschlechterdifferenz wird durch Bezeichnungs- und Bedeutungspraktiken hergestellt. Durch Dekonstruktion des kulturellen Konstruktions- und Zwangscharakters legt Butler einen Spielraum für die Erprobung alternativer Formen des Geschlechts und der Geschlechtsidentität frei. Danach gilt der Körper bereits als vollständig politisch besetzte Materialität, die in der Parodie, Travestie und in »Queer«-Praktiken zum Experimentierfeld alternativer Identitätsformationen wird. Das Konzept der »queer identity« verweist jedoch nicht auf eine Freiheit des Subjekts jenseits der Macht und der Diskurse. Es geht auch keineswegs darum, das Geschlecht und die Geschlechtsidentität zu wechseln wie Kleider. Der kritische Impetus der butlerschen Subversionspolitik impliziert vielmehr die Aufdeckung der Kontingenz von anatomischen Körpermerkmalen und performativer Geschlechtsidentität. »Queer« wird also durch das diskursive System einer heterosexuellen Matrix selbst hervorgebracht, das eine Zwangsbeziehung von anatomischem Körpergeschlecht und Geschlechtsidentität postuliert, und nicht durch eine diskursive Unverfügbarkeit des Subjekts und körperlicher Materialität begründet.

Butler strebt daher nicht die radikal-utopische Aufhebung der Geschlechter(-differenz) jenseits des Geschlechterdiskurses an. Ihre politische Theorie stellt vielmehr den Versuch dar, innerhalb des heterosexuellen Diskurses »zur Geschlechter-Verwirrung anzustiften« (UG: 61) und damit jene Strategien der Vervielfältigung zu mobilisieren, die die konstitutiven Kategorien der Geschlechtsidentität angreifen und überschreiten. Subversion findet daher »innerhalb des Verfahrens repetitiver Bezeichnung« (UG: 213) statt.

Voraussetzung dieses Konzepts der Subversion ist die Annahme, dass »die Anweisung, eine gegebene Geschlechtsidentität zu sein, [...] zwangsläufig Verfehlungen [produziert], eine Vielzahl inkohärenter Konfigurationen, die in ihrer Mannigfaltigkeit die Anweisung, die sie erzeugt hat, überschreiten und anfechten« (UG: 213). Diese Sichtweise steht in der Tradition der foucaultschen Machttheorie, wonach Macht – durch die Poly-valenz, die Heterogenität und Gleichzeitigkeit sich kreuzender, aber auch sich widersprechender Diskurse – Widerstand er-zeugt. Die Möglichkeit einer subversiven Strategie der Verschie-bung sieht Butler, wie Foucault, in den Diskursen selbst an-gelegt.

In der Koexistenz und Überschneidung diskursiver Bahnen und Anweisungen besteht »die Möglichkeit einer vielschich-tigen Rekonfiguration und Wieder-Einsetzung« (UG: 213). Die Handlungsfähigkeit des Subjekts geht diesen Überschneidungen nicht voraus; es versucht nicht, das von Konflikten geprägte kulturelle Feld – in dem es beispielsweise darum geht, eine gute Mutter, ein begehrenswertes Objekt und zugleich eine berufs-tätige und erfolgreiche Karrierefrau zu sein – im Sinne einer kohärenten »Identität« zusammenzufügen. Seine Handlungsmög-lichkeiten liegen einzig im Aufgreifen von Werkzeugen, die durch die kulturelle Matrix bereitgestellt werden, in der Um-deutung, Verschiebung und Variation derjenigen Konventionen, die den Rahmen für den Wiederholungszwang bilden.

Die Frage, die an dieser Stelle bleibt, ist: »Was konstituiert eine subversive Wiederholung« und »welche Eingriffe sind in die [...] ritualisierte Wiederholung möglich?« (UG: 214) Oder anders ausgedrückt, »wie können wir den Unterschied zwi-schen der Macht, die wir fördern, und der Macht, die wir bekämpfen, wissen?«, eine Frage, die Butler immer wieder auf-greift und in *Haß spricht* als Frage nach dem der Sprechakttheo-rie zugrunde liegenden Gesellschaftsbegriff formuliert, womit zugleich die Frage nach der konstitutiven Wirkung performati-ver Sprechakte impliziert ist. »Ist eine Bruchstelle erkennbar«, so fragt sie hier, »die dazu führen könnte, diesen Prozeß der dis-kursiven Konstitution aufzulösen« (HS: 34), und die die Mög-lichkeit eröffnet, »den Sprechakt [...] offener für eine Erneuerung und Subversion« (HS: 35) zu denken? »Ist also eine Artikulation denkbar«, die dadurch, dass sie die Gesellschaftsstruktur nicht statisch, sondern als eine Struktur betrachtet, die für ihr Fortbestehen wiederholt und reartikuliert werden muss, »diese Strukturen aussetzt oder durch ihre Wiederholung im Sprechen untergräbt? [...] Ist also eine Wiederholung denkbar, die den Sprechakt von den ihn stützenden Konventionen ablösen kann und damit seine verletzende Wirksamkeit eher in Verwirrung bringt als konsolidiert?« (HS: 35) In *Psyche der Macht* führt diese Frage nach der notwendigen Inszenierung von Macht und Herrschaft im Sprechakt und der damit einhergehenden Wiederherstellung und Stabilisierung gesellschaftlicher Strukturen schließlich zu der grundlegenden Frage nach der Konstitution des Subjekts als zugleich unterworfenes und mit gewissen Freiheiten ausgestattetes subversives Subjekt.

Parodistische Vervielfältigung

Butlers Kritik einer normativen Heterosexualität mündet in politische Strategien, mit denen der Verdinglichung des Geschlechts entgegengewirkt werden soll. Parodistische Formen der Vervielfältigung von Geschlecht und subversive Stilisierungen eröffnen die Möglichkeit der Diversität, die an die Stelle des *einen* Geschlechts tritt. Zentral hierfür ist eine Politik der Verschiebung normativer Geschlechtsbedeutungen.

Aus dieser Perspektive erscheint ihre Theorie als epistemologischer Schlüssel zu politischen Praktiken, in deren Zentrum die in sie eingeschlossenen Umdeutungsprozesse diskursiver Gehalte stehen. Die Frage der politischen Praxis ist daher eng verbunden mit der Vorstellung der performativen Herstellung des Geschlechts, insofern die zitatförmige Wiederholung von Normen als regulierenden Idealen zwar einen zentralen Mechanismus der kulturellen Reproduktion der heterosexuellen Matrix als Zwangsrahmen von Geschlecht (bzw. Geschlechtsidentitäten) darstellt, diese aber aufgrund des phantasmatischen Charakters von Geschlecht durch konnotative Verschiebungen immer auch verfehlt. In der performativen »Fehlaneignung« liegt, ebenso wie in subversiven, parodistischen Körperakten und in der Resignifizierung von Sprechakten, die Möglichkeit, das binäre System der Geschlechtercodierung zu unterlaufen. Die Performativität von Sprechakten ermöglicht die Verschiebung von Bedeutungen und damit die Neucodierung, weil die normativen Bedeutungen instabil, kontextabhängig und historisch wie auch kulturell variabel sind. Auf diese Weise wird eine Dekonstruktion von Identitätsdiskursen bewirkt.

Dies kommt im englischen Titel ihres Buches *Gender trouble* auch zum Ausdruck: Geschlecht kann demnach durch vielfältige subversive Strategien der Dezentrierung und Destabilisierung, durch Parodie oder grenzüberschreitendes Geschlechterhandeln verschoben werden. *Gender trouble* bezeichnet dann weniger ein *Unbehagen der Geschlechter*, wie der deutsche Titel nahe legt, als eine Art Herausforderung an traditionelle Geschlechterrollen und Geschlechteridentitäten. Indem »drags« sich als Mitglieder des »anderen« Geschlechts (ver)kleiden, unterlaufen sie Vorstellungen von Geschlechternormen und deren konstitutive Kategorien.

Gegen die von Monique Wittig vertretene Auffassung einer polymorph perversen Sexualität, die der Markierung durch das Geschlecht vorausgeht und zum Telos menschlicher Sexualität aufgewertet wird (vgl. UG: 52), sowie gegen Luce Irigarays Vorstellung einer spezifisch weiblichen, nichtgenitalen Sexualität setzt Butler die Forderung, »die subversiven Möglichkeiten von Sexualität und Identität *im Rahmen der Macht* selbst neu zu überdenken« (UG: 57; Hervorhebg. H.B.).

Damit stellt sich aber die Frage, woher das Wissen über die polymorphe Struktur des Begehrens rührt. In ihrer kritischen Auseinandersetzung mit Foucaults Sexualitätstheorie, die Sexualität einerseits als machtgesättigt versteht, zugleich aber die Vielfalt der Lüste vor dem Gesetz der Binarität verortet[67], macht Butler deutlich, dass sie Sexualität und die Vielfalt sexuellen Begehrens als durch das Gesetz der Binarität produzierte betrachtet. Das Andere des Geschlechts begründet sich bei Butler gerade durch das Gesetz, durch die heterosexuelle Matrix, nicht durch ein Außen oder ein dem Gesetz Vorgängiges. Die »Abweichung« wird durch den Diskurs des eindeutigen und einen Geschlechts, durch die Geschlechterbinarität und sexuelle Zwangsordnung hervorgebracht. Die heterosexuelle Zwangsmatrix erlegt sich jedoch keineswegs einer »natürlichen« Heterogenität sexuellen Begehrens auf, sondern sie produziert genau jene Rebellionen, die, wie Butler im *Unbehagen der Geschlechter* etwas verquer ausführt, »sich garantiert selbst widersprechen« und die »keine andere Wahl haben, als das Gesetz ihrer Genese zu reproduzieren« (UG: 158 f.). Das aber bedeutet: Das Gesetz bringt genau diejenigen Abweichungen hervor, die es, das Gesetz, bestätigen.

Die Vielfalt sexuellen Begehrens kann also nicht als Offenbarung einer Wesensbestimmung gelten, die aus der kulturell verfügten Ordnung der Dinge herausfällt. Sie bildet vielmehr das »Außen« des Gesetzes, das insofern zum »Innen« wird, als die verworfenen Körperfiguren und Begehrensformen der Konstitution einer binär strukturierten Geschlechtsidentität dienen. Damit bewegt sich Butler im Kern der foucaultschen Machttheorie, wonach Macht selbst Widerstand und Abweichung erzeugt. Widerstand dient so letztlich der Machtsteigerung und der (Selbst-)Subversion der Macht. Abweichung bildet ein konstituierendes Merkmal der Norm(alität). In der butlerschen Lesart der Tagebücher von Herculine Barbin scheint Foucault diese Position zugunsten einer vordiskursiven Romantisierung des Körpers und der Lüste aufzugeben.[68]

Da das Geschlecht eine vollständig politisch besetzte, kulturell generierte und dennoch naturalisierte Kategorie ist, setzt Butler dort an, wo ihrer Auffassung nach die sprachliche Unterscheidung und Klassifikation das Funktionieren der Zwangsheterosexualität sichert, auf der Ebene des Bezeichnungssystems. Das Politische wird in den Bezeichnungsverfahren verortet, die den Körper als ontologische, naturalisierte Substanz und als Fundament der Geschlechtsidentität klassifizieren. Sie regulieren und deregulieren geschlechtliche Identitäten. (Vgl. UG: 216) Hier bezieht sich Butler auf die französische Psychoanalytikerin Monique Wittig.

Wittig fordert den politischen Umsturz einer Grammatik, die auf der Basis eines historisch kontingenten, epistemischen Diskursregimes ein Beziehungsgeflecht, nämlich eine heterosexuelle Matrix, prägt, durch das physische Körper wahrgenommen und bezeichnet werden. Damit bringt die diskursive Grammatik durch eine begrifflich-kategorial konstituierte Ontologie eine Verdinglichung »zweiter Ordnung« hervor. Sprache ermöglicht es aber nicht nur, Verdinglichungen zu erzeugen, sondern auch, den Verdinglichungen des Geschlechts entgegenzuwirken, ja, sie abzuschütteln. Damit erhält sie, insofern sie material an der Konstruktion gesellschaftlicher Wirklichkeit mitwirkt, einen politischen Stellenwert. Die Destruktion des Kategorienkomplexes, der Wirklichkeit sprachlich konstruiert, bewirkt dann die Wiederherstellung und Einführung einer Realität, in der künstliche Einteilungen aufgebrochen bzw. beseitigt werden und deren Kontingenz sichtbar wird.

Auch Butlers Konzept einer sexuellen Heterogenität und subversiven Praxis richtet sich gegen die Zwangsordnung einer heterosexuellen Geschlechtsidentität. Mit ihrer in der These der performativ produzierten Geschlechtsidentität implizierten Kritik am Identitätsdenken wendet sie sich der Hintergehbarkeit des heterosexuellen Gesetzes zu. Sie schlägt vor, diskursiv-performative Praktiken anders als zur Festigung einer binären Geschlechterordnung einzusetzen.

Im *Unbehagen der Geschlechter* formuliert sie erstmals ihren Ansatz der performativen Subversion. Geschlechterinszenierung, Parodie und Travestie werden als subversive Methoden vorgestellt, mit denen die »Imitationsstruktur der Geschlechtsidentität als solcher« (UG: 203) offenbart wird. Spielt die Performanz der Travestie mit der Unterscheidung von Anatomie und dargestellter Geschlechtsidentität, so stellt die Geschlechterparodie den Begriff des Originals an sich infrage. Als »Imitation einer Imitation« verschiebt sie die Bedeutung des Originals mit dem ihm zugrunde liegenden Mythos der Ursprünglichkeit und öffnet es für Resignifizierung und Rekontextualisierung.

Aber, so Butler: Die »Parodie an sich ist nicht subversiv« (UG: 204). Es muss, so ihre Überlegung, Möglichkeiten geben, Formen parodistischer Wiederholung, die »gezähmt sind und erneut als Instrumente der kulturellen Hegemonie in Umlauf gebracht werden«, von jenen zu unterscheiden, die »wirklich störend [...] wirken« (UG: 204). Damit inszenatorische Praktiken der Subversion als verstörende Instrumente wirken, muss »die parodistische Verschiebung, das parodistische Gelächter« (UB: 204) die leibliche Inszenierung der Geschlechteridentität als phantasmatischen Identitätseffekt und damit als kontingent offenbaren. Dies gelingt ihrer Auffassung nach durch die Möglichkeit der Deformation und »Verfehlung« der wiederholenden, performativen Praxis der Geschlechterinszenierung, die die regulierende Fiktion einer wahren Geschlechtsidentität enthüllt.

In *Psyche der Macht* knüpft Butler an diese Strategie an und verdeutlicht unter Bezugnahme auf die psychoanalytische Theorie, was Travestie jenseits des Sichtbaren auch noch zeigt, »was durch den Kleidertausch ans Licht kommt« (PdM: 138), nämlich die Melancholie über das Verworfene. In der Melancholie offenbart sich, dass Heterosexualität auf dem Ausschluss von Homosexualität, dass Männlichkeit und Weiblichkeit auf der Verwerfung des jeweils anderen beruhen.

Travestie und Parodie sind bei Butler, als politische Strategien subversiver Wiederholung, aber nicht nur im wörtlichen Sinne zu verstehen. Es geht ihr vielmehr um allgemeine politische Strategien der subversiven Wiederholung, die den Konstruktionscharakter der Geschlechtsidentität deutlich machen. »Geschlecht wird so als die Inszenierung, die es immer ist, sichtbar.«[69] Das dahinter stehende politische Programm lautet: die Prämissen einer Identitätspolitik destabilisieren, die den Körper als »stumme, der Kultur vorgängige, auf die Bezeichnung wartende Figur« (UG: 216) betrachten.

Diese politische Programmatik beinhaltet auch, die Prämissen der feministischen Theorie und Politik zu dekonstruieren, die mit ihrer Unterscheidung von biologischem und sozialem Geschlecht jenes als vordiskursives Fundament unterstellt und die nach Meinung Butlers die wiederholten Bezeichnungspraktiken als Gegenstand politischer Praxis verfehlt.

Politik der Bezeichnungspraxen

Darin besteht Butlers politisches Unterfangen: diejenigen Bezeichnungspraxen als *politische* Praxen darzustellen, die grundlegend sind für die Artikulation von Identität. Wie bereits ausgeführt, geht Butler in der Tradition Austins und Foucaults, mit

Bezug auf Derrida, davon aus, dass Sprache durch ihr Zitieren vorgängiger Konventionen und diskursiver Ordnungen performativen Charakter hat und die Fähigkeit besitzt, Wirklichkeit zu generieren und zu verändern.

Butler dekonstruiert nicht nur die Fundamente der Geschlechterbinarität, die sie als kulturelle Konfigurationen leiblicher Stile entziffert. Vielmehr stellt sie auch den fundamentalistischen Rahmen infrage, in dem der Feminismus sich als Identitätspolitik artikuliert hat. Ihr politisches Ziel besteht nun darin, die kulturellen Konfigurationen von Geschlecht zu vermehren und deren Vervielfältigung »in den Diskursen, die das intelligible Kulturleben stiften« (UG: 218), zu artikulieren.

Damit befindet sich Butlers Feminismus im Gegensatz zu jenem feministischen Politikverständnis, das sich auf Identität, Subjektivität und menschliches Handeln sowie auf normativ-metaphysische Annahmen gründet. Feministische Kritik und poststrukturalistische Theoriekonzeptionen schließen sich, folgt man der Kontroverse, die sich insbesondere zwischen Seyla Benhabib und Judith Butler entwickelt hat, aus. Dies gilt zumindest dann, wenn feministische Kritik sich einer Position der kritischen Theorie zuschlägt, die, so Nancy Fraser in ihrem Vermittlungsversuch bei dieser kontroversen Diskussion, humanistisch begründet zu sein scheint und die aus dieser Perspektive der poststrukturalistischen Theorie eine zutiefst antihumanistische und esoterische Ausrichtung zuschreibt.[70] Butler begegnet dem Vorwurf, die poststrukturalistische Subjektkonzeption unterminiere den Feminismus, indem das Subjekt als durch Macht konstituiert betrachtet werde, mit ihrer – gegen die Auffassung einer ontologisch und damit apriorisch, diskursiv unverfügbaren Reflexivität, Kritik- und Widerstandsfähigkeit des Subjekts gerichteten – Annahme, dass auch die subjektive Fähigkeit zur Kritik und zu widerständigem Handeln noch kulturell konstruiert, also Teil des Machtspiels ist. (Vgl. KoG) Auch hier schließt sie sich Foucaults Perspektive auf Machtverhältnisse an.

Im Grunde zeigt sich in dieser Kontroverse von kritisch-normativem Feminismus und poststrukturalistischem Feminismus ein versteckter Hegelianismus und Kantianismus: Wenn nämlich vom Prinzip der Autonomie und (Selbst-)Reflexivität des Subjekts und einem die Geschichte und Gegenwart überschreitenden emanzipatorischen Interesse als unabdingbarer Voraussetzung feministischer Politik ausgegangen wird, tritt darin jene idealistische Position zutage, die, wenn auch mit Einschränkungen, auf Hegel zurückführbar ist. Dem entspricht die Annahme, dass poststrukturalistische Positionen das Subjekt und den Körper eskamotieren, also zum Verschwinden bringen. Gegen diese hegelianisch-idealistische Position, wonach Materie nur in der begrifflichen Verfügbarkeit existiert, vertritt der kritische Feminismus die marxistisch-materialistische Auffassung einer Widerständigkeit des »Objekts an sich«, die gegen die Diskursivität die Materialität des Körpers als Ort des Widerstands ins Spiel bringt.[71]

Wenn Butler andererseits vermutet, dass das Subjekt, gerade weil es durch Machtstrukturen eingesetzt wird, zugleich ein Ort der Umdeutung machtvoller Sprachprozesse ist, dann liegt dem die durch Kant inspirierte Annahme zugrunde, dass es keine Materialität und Wirklichkeit – des Subjekts wie auch der Objekte – jenseits der Macht und ihrer Bezeichnungspraxen gibt. Das kulturell konstruierte Subjekt ist demnach, auch und gerade aus der Position des Ausschlusses und der Verwerfung, immer in der Lage, das kulturell vorgegebene »Drehbuch« umzuschreiben.

Dabei unterschätzt Butler allerdings, so scheint es zumindest, körperliche Materialität als Effekt des »Drehbuchs«, von der sie selbst in ihrer Subjekt- und Körperkonzeption ausgeht. Das

Problem, dass »Natur«, einmal kulturell als variable Körper-
oberfläche installiert, nicht sang- und klanglos durch subversive
Parodie oder Travestie sowie durch sprachliche Resignifikation
performativ wieder umgedeutet oder »umgeschrieben« werden
kann, wird von ihr rein sprachtheoretisch gelöst.

Es zeigt sich, dass Butler, entgegen ihrer eigenen theoretischen Analyse, glaubt, den Naturalisierungseffekt kulturell hergestellter Materialität als Artefakt durch eine Politik performativer Sprechakte unterminieren zu können. Politische Praxis
verbleibt auf der Ebene performativer Bezeichnungsverfahren.
Dabei vernachlässigt sie die – bei Foucault im Begriff des Dispo-
sitivs gefassten – institutionellen Anordnungen des Körpers
und die ihr entsprechenden Körperpraxen, die eine Verfestigung
des Körpers als natürliche Grundlage von geschlechtlicher Subjektivität erst gewährleisten. Butler hingegen geht davon aus,
dass der Körper durch den – verletzenden – Sprechakt nicht
vollständig getroffen wird, sondern ihn, gespeist durch andere
Diskurse, überschreitet.

»Queer«: Subversive Identitätspolitik(en)

Dem Begriff der Performanz kommt zentrale Bedeutung für
die strategische Unterminierung binärer Zwangsidentitäten zu.
Machttheoretisch liegt dem die foucaultsche Annahme zugrunde,
dass die Artikulation von Diskursen immer zugleich Formen
des Widerstands und der Subversion produziert. Sprach- und
diskurstheoretisch verweist dies auf die »Instabilität und Variabilität *innerhalb* der Performativität« (KvG: 298), auf die konstitutive Unvollständigkeit und Lückenhaftigkeit der Diskurse.
Diese »Einbrüche« der Diskurse und der Sprache bilden den
Ort und Ansatzpunkt subversiver Strategien einer antiessen-

zialistischen Identitätspolitik, die zugleich gegen den binären Zwangsdiskurs gerichtet ist. Vor allem aber die Tatsache, dass die diskursiven Bedingungen für die Bildung des Subjekts nicht diesem selbst innewohnen, sondern ihm vorausgehen, verweist »auf die Unmöglichkeit eines völligen Wiedererkennens, d.h., die Unmöglichkeit, den Namen, von dem jemandes soziale Identität inauguriert und mobilisiert wird, jemals ganz auszufüllen« (KvG: 298). Hier wird von Butler eine Differenz von Subjekt und Diskurs innerhalb des Vorgangs der performativen Konstitution des Subjekts angenommen. Es handelt sich um die Differenz zwischen einem normativen Ideal und der lebbaren Realität, die das Subjekt erfüllen kann und in der es sich einrichtet. Vorausgesetzt wird hier, dass das Subjekt reflexiv ein Wissen davon hat, wer oder was es ist und inwiefern es sich von normativen Zuschreibungen unterscheidet. In dieser Distanz liegt die konstitutive »Instabilität und Unvollständigkeit der Subjektbildung« (KvG: 298).

Diese zentralen Aspekte der Performativität der Macht eröffnen, gemeinsam mit einem weiteren Aspekt, dem Ausschlusscharakter homogener Identitätskonzeptionen, die paradoxe Möglichkeit, diejenigen im Machtfeld der Norm zu verorten, die sich in ihr nicht wiedererkennen, von ihr beschämt und verletzt werden. Die Instabilitäten des Diskurses, die, aufgrund unsicherer Grenzen im Diskurs der Binarität zwischen männlich und weiblich, schwarz und weiß, eine Markierung des Ausschlusses (der ausgeschlossenen Körper) und damit eine künstliche Strategie der Sicherheit einsetzen, bieten die Möglichkeit, der kulturellen Homogenisierung zu widerstehen. Diese Möglichkeit bildet zugleich die Bedingung einer »ver-queeren« Positionierung im Diskurs und eines Für-sich-selbst-Sprechens.

»Queerness«, »Queering« und »critically queer« wird von Butler zum politischen Programm erhoben und zum Prinzip parodistischer Überschreitungen und Unterminierungen einer binär codierten Identitätsformation generalisiert.

Dabei rekurriert sie, am Beispiel des 1929 von Nella Larsen veröffentlichten Romans *Passing*, zunächst auf die historischen Dimensionen des Begriffs »queer«, der, wie Butler meint, 1929 wahrscheinlich noch nicht »homosexuell« bedeutete, sondern für eine ganze Reihe von Phänomenen der Abweichung von der Normalität stand. Er umfasste Bedeutungen wie »von unklarer Herkunft, [...] obskur, pervers, exzentrisch«, hat aber auch in der Verbform »to queer« eine Geschichte, und zwar mit den Bedeutungen »ausfragen, lächerlich machen, vor ein Rätsel stellen« (KvG: 233). Das Sonderbare, Merkwürdige ist »queer«. Ebenso sind der entgleisende Körper, die entgleisende Stimme, die das Abwesende – Rassen-, Klassen-, Geschlechtszugehörigkeit – aufdecken, »queer«: »Als ein Ausdruck für das Verraten dessen, was verborgen bleiben sollte, funktioniert ›queering‹ wie die Aufdeckung von sowohl Sexualität als auch Rasse in der Sprache – eine Aufdeckung, die die verdrängende Oberfläche der Sprache aufbricht.« (KvG: 233)

In Butlers Lesart des Romans ist es die »List-des-als-weiß-Passierens«, der Traum von der Metamorphose von schwarz zu weiß, in dem die – symbolisch-soziale – Wandelbarkeit der Hautfarbe »eine bestimmte Freiheit bedeutet, eine vom Weißsein gewährte Klassenmobilität« (KvG: 226), die zugleich eine Strategie der Verleugnung impliziert, die aufgebrochen wird: Der durch den sozialen Umgang (mit Weißen) unmarkierte (schwarze) Körper wird als schwarz markiert, sobald die Protagonistin des Romans, Clare, sich in Gesellschaft von Afroamerikanern zeigt:

»Clare geht nicht nur als weiß durch, weil sie hellhäutig ist, sondern weil sie es ablehnt, ihr Schwarzsein in die Konversation einzuführen, und so die konversationelle Markierung zurückhält, die der hegemonialen Unterstellung, daß sie weiß ist, widersprechen würde. Irene selbst scheint als weiß zu ›passieren‹, insofern sie in Unterhaltungen, die das Weißsein als Norm voraussetzen, eintritt, ohne diese Voraussetzung in Frage zu stellen. Dieses Abrücken vom Schwarzsein, das sie durch ein Schweigen vollzieht, kehrt sich gegen Ende der Geschichte um, als sie in eindeutiger Verbindung mit Afroamerikanern Bellews weißem Blick ausgesetzt ist. Lediglich aufgrund des Umstands eines sozialen Umgangs, der die Bedingung für eine Benennung ist, wird ihre Hautfarbe entzifferbar.« (KvG: 227)

An die Stelle der Hautfarbe weiß kann hier hetero-, an die Stelle von schwarz homosexuell eingesetzt werden und wir befinden uns im Diskurs binärer Geschlechtsidentitäten, was die Einsicht, dass die Hautfarbe bzw. der Geschlechtskörper als Repräsentation vorgegebener Normen und nicht umgekehrt funktioniert, befördert und zugleich deutlich macht, dass auch das Abwesende, durch das Schweigen Vollzogene – die Homosexualität – im Diskurs der Heterosexualität immer anwesend ist.

Die von Butler literarisch vorgestellte Unmöglichkeit des »Passierens« konstituiert das »queering«: »Letzten Endes ist queering das, was das Passieren [passing] als weiß [und heterosexuell] zunichte macht und entlarvt; es ist der Akt, durch den die rassisch und sexuell repressive Oberfläche der Unterhaltung gesprengt wird von der Wut, von der Sexualität, vom Beharren auf der Hautfarbe.« (KvG: 234) Hier zeigt sich, dass subversive Identitätspolitik nicht nur die Unterwerfung unter Normen des Ausschlusses außer Kraft setzt, sondern am lebendigen, verletzlichen Körper sowohl als Ort der Verleugnung und der Wiedererkennung als auch der Subversion ansetzt. »Queer« ist »an eine im Sprechen ausbrechende Wut dergestalt geknüpft, daß das Sprechen erstickt und gebrochen wird« (KvG: 233).

»Politik des Performativen«

Wie ist es nun zu erklären, so fragt Butler, dass eine erniedrigende, beschämende Beschuldigung umfunktioniert werden kann in bejahende Bedeutungen? Wie können verletzende Wirkungen zu Ressourcen einer Wiedergewinnung und damit zu einer Gegenkraft werden, mit der der erneuten Einschreibung schmerzlicher Erfahrung entgegengewirkt werden kann? Wie lässt sich erklären, dass »diejenigen, die verwerflich gemacht wurden, dahin gelangen, ihren Anspruch durch die Diskurse und gegen die Diskurse zu erheben, die es auf ihre Verwerfung abgesehen hatten?« (KvG: 296)

In *Haß spricht* entwickelt Butler die Umrisse einer für die Beantwortung dieser Fragen notwendigen Theorie. Den Hintergrund ihrer Ausführungen bildet die amerikanische Debatte um »hate speech«, in der es um diskriminierende Akte rassistischer und sexistischer Art, um Pornographie, schwulen- und lesbenfeindliche Äußerungen und um deren verletzende Wirkung geht. Die Frage, die sie sich hier stellt, ist, warum performativen Sprechakten verletzende Macht zukommt und mit welchen subversiven Strategien ihnen begegnet werden kann.

Praktiken der subversiven Verschiebung sind nun nicht primär inszenatorische, sondern sprachliche. Hier formuliert Butler deutlicher als im *Unbehagen der Geschlechter* und in *Körper von Gewicht* den unmittelbar praktisch-politischen Anspruch ihrer theoriestrategischen Überlegungen: Sie analysiert sexistische und rassistische Beispiele der Umsetzung der Performativitätsthese und vertritt die Auffassung, dass der Appell an die Staatsgewalt und die juristisch-strafrechtliche Verfolgung diskriminierender, verletzender Redeweisen politisch nicht weiterhelfe, sondern unter Umständen konservative Positionen sogar stärke. Wenn es den Gerichten überlassen würde, darüber zu entscheiden, was verletzend ist und was nicht, würde nicht nur deren Gewalt gestärkt, sondern würden zugleich strukturell-gesellschaftliche Veränderungen eher verhindert. Damit sei nicht ausgeschlossen, hasserfüllte, rassistische und frauen- sowie schwulenfeindliche Reden sprechender Subjekte strafrechtlich zu verfolgen. Dennoch gibt sie zu bedenken, dass diese Art der Verfolgung politisch zu kurz greift, weil sie die Verletzung unzulässig auf den Akt eines sprechenden Subjekts zurückführt, dem Verantwortung zugeschrieben wird. Damit wird aber nach Butler die »diskursive Geschichtlichkeit der Macht« unterschätzt (vgl. SR: 101), die das sprechende Subjekt erst mit verletzender Macht ausstattet. Diese wiederum lässt sich auf eine verschleierte Zitierpraxis zurückführen.

Wie schon in Bezug auf die Materialisierung von Körpern in *Körper von Gewicht* spielt sie auf die abgeleitete Macht der Wiederholung und deren Zitatförmigkeit an, wenn sie fragt: »Handelt es sich hierbei um eine Macht eines ›jemand‹, eine solche Verletzung durch den Gebrauch eines schmähenden Namens [wie ›Schwuler‹, ›Tunte‹, ›Lesbe‹ oder ›Neger‹] zu bewirken, oder handelt es sich vielmehr um eine Macht, die sich mit der Zeit angesammelt hat und die in einem Augenblick verdeckt ist, da ein einzelnes Subjekt seine verletzenden Ausdrücke äußert? [...] Wird nicht in dem Augenblick, in dem die Äußerung getan wird, eine Gemeinschaft und Geschichte solcher Sprecher magisch beschworen?« (SR: 99)

Die Wirkmächtigkeit performativer Äußerungen besteht, so Butler mit Bezug auf Derrida, dann ausschließlich darin, dass in ihnen »vorhergehende Handlungen widerhallen und durch die Wiederholung und das Zitiertwerden einer mit Autorität versehenen Reihe von Praktiken Autorität akkumuliert« (SR: 102 f.) wird. Performative Äußerungen »funktionieren« nur deshalb, weil sie diejenigen Konventionen in Anspruch nehmen und mobilisieren, durch die sie hervorgerufen werden. Die Gewalt geht insofern nicht vom sprechenden Subjekt oder von der Äußerung selbst aus, sondern von der Geschichtlichkeit der Äußerung, die im Sprechakt selbst verschleiert wird. Das Subjekt »zitiert« eine rassistische oder sexistische Äußerung und ordnet sich damit in eine diskursive Gemeinschaft ein. Dann aber besteht die Macht der Performativität in der »Orchestrierung einer phantasmatischen Szene von Willensmacht und Unterwerfung« (SR: 109); sie gewinnt ihre Kraft aus einer Art Echoeffekt, der die Sprecher verbindet, »als ob sie über die Zeit hinweg mit einer Stimme sprechen würden« (KvG: 299).

Am Beispiel der Pornographie verdeutlicht Butler in *Haß spricht*, was dies bedeutet: Gegen die Auffassung von Catharine Mac Kinnon, der zufolge Pornographie eine Institution ist, die die Macht hat, das herbeizuführen, was sie darstellt, die »›aus der Welt einen pornographischen Ort‹« macht und die »›begründet, als wer Frauen leben, als was sie gesehen und als was sie behandelt werden‹« (SR: 107), die also soziale Wirklichkeit nicht nur ausdrückt, sondern die die soziale Wirklichkeit dessen, was eine Frau ist und was man mit ihr tun kann, erst begründet, wendet Butler ein, dass die Pornographie dies nur kraft einer phantasmatischen Macht tut. Butler grenzt sich von dieser Lesart visueller, pornographischer Darstellungen ab. Sie geht davon aus, dass diese aus den Ressourcen eines Geschlechtertextes zitieren, der angefüllt ist mit imaginären Beziehungen und der mit der Abschaffung der Pornographie nicht gleichermaßen verschwinden würde. Die visuelle, pornographische Darstellung ist demnach gerade nicht identisch mit der konstitutiven Wirklichkeit der Geschlechter. Butler hebt auf das »kulturelle Archiv« einer Gesellschaft ab, in das imperative Geschlechternormen eingeschrieben sind, die fortwährend zitiert werden müssen, um wirkmächtig zu sein. Gerade dass Pornographie daran scheitert, Geschlechterwirklichkeit zu konstituieren, macht ihre phantasmatische Macht aus. (Vgl. dazu auch HS: 118 f.)

Dieser Standpunkt verändert die politische Strategie: Butlers Politik des Performativen folgt nicht einer Strategie der »political correctness« und der »affirmative action«. Anstelle juridischer Denkmuster zieht sie die Möglichkeit in Betracht, diskursive Systeme Mustern der Resignifizierung, der Bedeutungsverschiebung durch Umwendung von diskriminierenden, hasserfüllten Redeweisen zu subversiven Mustern der affirmativen Selbstbeschreibung zu öffnen. In dieser Umwertung verletzender Rede sind politische Taktiken subversiver Identitätspolitik(en) impliziert: »Wenn *hate speech* die Art von Handlung ist, die denjenigen zum Schweigen bringen soll, an den sie sich richtet, die aber in den Worten dessen, der zum Schweigen gebracht wird, als unerwartete Replik wieder aufleben kann, dann bewirkt die Antwort auf *hate speech*, daß die performative Äußerung entoffizialisiert und für neue Zwecke enteignet wird.« (HS: 226)

Im Zentrum des butlerschen »Projekts subversiver Re-Territorialisierung und Resignifizierung« (HS: 218) steht mithin die »Fehlaneignung« anrufender performativer Äußerungen und deren Dekontextualisierung. Denn: Die Handlungsmacht des Subjekts ist als Machteffekt zwar eingeschränkt, aber durch die Strukturen der Macht nicht determiniert. Die kritische Potenz performativer Sprechakte leitet sich, so hält Butler Bourdieu entgegen, nicht aus außersprachlichen, nämlich sozialen Bedingungen ab. Vielmehr resultiert sie aus der sprachimmanenten Fähigkeit, mit – früheren – Kontexten zu brechen. Normen, Rituale und Konventionen können verändert werden, indem sie dekontextualisiert werden – und damit »Bedeutungen und Funktionen erhalten, für die sie niemals bestimmt« (HS: 208) waren.

Sind performative Äußerungen in der Lage, mit früheren Kontexten zu brechen, dann können verletzende rassistische und sexistische Anrufungen umgewendet oder umgedeutet werden.

Dabei kommt dem Körper eine besondere Bedeutung zu: Er erscheint, gegen die bourdieusche Habitustheorie gewendet, nicht nur als Sedimentierung von Sprechakten, sondern er geht darüber hinaus. In diesem Rückgriff auf eine die Anrufung und den Sprechakt überschreitende Funktion des Körpers, die nach Butlers Ansicht bei Bourdieu fehlt, liegt die Begründung für sein Widerstandspotenzial. Während der Körper durch performative Sprechakte auf die soziale Norm festgelegt werden soll, enthält dieser Prozess immer das Risiko der »Verfehlung«. Da der Körper durch rhetorische Akte nicht vollständig kontrollier- und verfügbar ist, besteht zumindest die Möglichkeit der Entgleisung und des Zusammenbruchs »von innen her«.

Dieser Gesichtspunkt verweist auf das Unfassbare, auf das, was sich der Begrifflichkeit entzieht, was im Sinne des Körperlichen, aber auch im Sinne des diskursiv Abwesenden existiert. Es ist zugleich dasjenige, wogegen man vergeblich mit dem Instrument der Logik anrennt, etwas, was sich – begrifflich – nicht oder nur schwer erschließen lässt. Es ist derjenige Ort, an dem die Erfahrungen und Eindrücke einen »überwältigen« und einem die Sprache »verschlagen«.

Dann stellt sich natürlich für das butlersche Konzept der subversiven Resignifikation das Problem, wie der Körper »rhetorisch« über den Sprechakt hinausgehen soll, durch den er belegt wird, oder wie etwas in Sprache reintegriert werden soll, was sich ihr aufgrund der »stillschweigenden Performativität der Macht« gerade entzieht. Die Frage ist, wie der im Körper gespeicherte »Eindruck« einer Verletzung in symbolischen Widerstand übersetzt werden kann.

Am Körper des Subjekts ist ablesbar, was den Rückzug aus

der Sprache angetreten hat. In der Erinnerung des Körpers, in seinen Gesten und seiner Haltung ist die Wirkkraft verletzender Namen enthalten. Der Körper wird von Butler als dasjenige, »was bei einer Anrufung zusammenbricht und eine Entgleisung von innen her ermöglicht« (HS: 220), als das die Sprechakte Überschreitende eingesetzt. Es ist diese »beständige Inkongruenz des sprechenden Körpers« (HS: 220) mit seiner Anrufung durch die autorisierte Macht, die die Macht der Performativität außer Kraft setzt und die politische Landkarte auf Dauer verändert. Der Ort verletzender Erfahrungen ist nicht der einer körperlichen Unmittelbarkeit. Er verweist bei Butler vielmehr auf andere Diskurse, auf die Vielfalt der kulturellen Bedeutungen des Körpers, die nicht in verletzender Rede aufgehen. Entgegen Bourdieus Auffassung, dass nur diejenigen Subjekte sich politisch wirkungsvoll äußern können, die aufgrund ihrer gesellschaftlichen Machtposition und aufgrund der in vorangegangenen Kämpfen errungenen Siege dazu autorisiert sind[72], geht Butler davon aus, dass »gesellschaftliche Positionen selbst aus einer verschwiegenen Performativität bestehen« (HS: 221) können und Macht besonders durch Enteignung, Verschiebung und Umdeutung des offiziellen Diskurses erlangt wird. An den Stellen, an denen der Körper »entgleist«, erzwingt der Bruch mit einem vorgegebenen Bedeutungskontext die Veränderung der Repräsentationssysteme.

Butlers Antwort bewegt sich ausschließlich auf der symbolisch-sprachlichen Ebene der Dekontextualisierung und Verschiebung von Bedeutungen. Die performative Kraft leitet sich aus dem Bruch mit jedem früheren Gebrauch ab. Dabei wird »das Wort [...] in der neuen Anwendung, die sein früheres Wirkungsgebiet zerstört, zum Instrument des Widerstands« (HS: 230).

Subjekt und Macht: Unterwerfung und Subversion

Ging es Butler zunächst um die Dekonstruktion eines kohärenten Subjektentwurfs, der auf Verwerfungen und Ausschließung begründet ist, so richtet sich ihr Interesse in *Psyche der Macht* auf das Subjekt als konstitutive Machtwirkung von Diskursen. Sie geht davon aus, dass diese dem Subjekt vorgängig sind, es übersteigen und es ohne sein Wissen hervorbringen. Butlers Interesse gilt nun den psychischen Mechanismen, mit denen die Macht das Subjekt ein- und zurichtet und es an sich bindet. Sie folgt hierin Foucaults Subjektkonzeption.

Subjektivierung erscheint nun als paradoxe Machtform: Der Entwurf, die Bildung des Subjekts als reflexive Instanz und seine Unterwerfung unter Konstruktionsweisen und Technologien der Macht bilden *einen* Vorgang. Erscheint Macht für gewöhnlich als dasjenige, was von außen Druck auf das Subjekt ausübt, dasjenige, was Menschen zur Unterordnung zwingt und damit erniedrigt, so stellt Macht diskurstheoretisch diejenige Bedingung dar, die die Existenz eines Subjekts erst ermöglicht. Macht ist dann das, wovon Subjekte in ihrer Existenz abhängig sind, und folglich auch etwas, was sie in ihrem Innern beherbergen und bewahren, hegen und pflegen. Aus dieser Perspektive stellt sich die Frage nach der »Psyche der Macht« *im* Subjekt.

Gegen Althusser und Foucault gewendet, reklamiert Butler eine Machttheorie, die die psychischen Dimensionen einer das Subjekt inaugurierenden Macht ausleuchtet. Subjektivierung erscheint für Butler in ihrer Machtförmigkeit insofern paradox, als sie ein Subjekt »zur Welt bringt«, das sie gleichzeitig einer fundamentalen Abhängigkeit – von vorgegebenen Normen, Praktiken und Technologien – unterstellt. (Vgl. PdM: 7 f.)

Es ist, nietzscheanisch gesprochen, die inaugurative »Geburt des Subjekts als Tragödie«, die Butler hier – mit Rekurs auf die freudsche Topographie der Psyche – als Errichtung einer psychischen Landschaft skizziert. Diese ist zwar dem Niederschlag der Macht im Subjekt geschuldet, einer Macht, der das Subjekt sein eigenes Erscheinen verdankt, entkräftet sie jedoch zugleich als innere Reglementierungsmacht, insofern sie »Reflexivität nach dem Modell der Subjektivation formt« (PdM: 184). Dadurch wirkt Macht nicht mehr einseitig auf ihr Subjekt ein, sondern wird zur inneren Stimme, zum psychischen Werkzeug des Subjekts, zur Spur der Gesellschaftlichkeit des Subjekts *im* Subjekt. Diese gesellschaftliche »Erfindung« der Psyche entzieht sich paradoxerweise zugleich der Macht, die sie errichtet. Macht verdoppelt sich im Akt ihrer psychischen Einrichtung und »verschwindet« in der psychischen Struktur des Subjekts. Als solche ist sie für den Autonomieverlust des Subjekts zuständig, »der vom sprachlichen und sozialen Leben vorgegeben wird« (PdM: 182), aber gleichzeitig kehrt sie sich um. Sie ist die Bedingung für die Möglichkeit des Subjekts, sich reflexiv, d.h. auf sich selbst, auf die eigene Lebenserhaltung gerichtet, gegen die Normen zu wenden, die eine Selbstanerkenntnis verhindern.

Diese Paradoxie äußert sich im Subjekt als ambivalente Haltung einer Macht gegenüber, deren man bedarf, um zu existieren, und die man genau aus diesem Grund auch schwerlich bekämpfen kann, die allerdings gleichzeitig als Begrenzung des eigenen Handelns empfunden wird. Butler kritisiert die Vorstellung, dass Macht etwas dem Subjekt Äußerliches sei, dass Macht sich dem Subjekt von außen auferlegt und es zwingt, sie zu verinnerlichen oder ihre Bedingungen zu akzeptieren. Denn diese Sichtweise vernachlässigt, dass das Subjekt in seiner Existenz von den Bedingungen der Macht abhängig ist. Macht erscheint sowohl bei Butler als auch bei Foucault nicht nur produktiv im Sinne des Entwurfs des – modernen – Subjekts, das sich der Norm (der Freiheit) entsprechend bildet. Sie schließt vielmehr die Produktion von Widerständigkeit ein. Macht ist nicht ein für alle Mal gegeben, sondern wird immer wieder, ebenso wie der Körper und das Subjekt, performativ in Kräfteverhältnissen hervorgebracht. Es ist die Geschichte der Macht, die dem Subjekt vorausgeht und das Subjekt einsetzt. Seine Freiheit ist allererst eine »Entdeckung« und Wirkung von Macht. Der Widerstand des Subjekts und die Revolte sind Teil des Machtspiels. Wie Butler selbst ausführt: »Widerstand erscheint [...] als Wirkung der Macht, als Teil der Macht, als ihre Selbstsubversion« (PdM: 89), nicht als das Andere, das Außen der Macht oder das Imaginäre der Macht in einem machtfreien Raum. An dieser Stelle bezieht Butler sich explizit auf Foucaults Machtbegriff:

»Foucault [...] faßt den Widerstand als Effekt ebender Macht, gegen die er sich richten soll. Dieses Beharren auf der doppelten Möglichkeit, sowohl durch das Gesetz *konstituiert* zu werden wie ein *Effekt des Widerstandes* gegen das Gesetz zu sein, markiert Foucaults Loslösung vom Lacanschen Rahmen, denn wo Lacan den Begriff der sozialen Macht auf die symbolische Sphäre beschränkt und den Widerstand dem Imaginären zuweist, begreift Foucault das Symbolische als Machtbeziehungen und den Widerstand als eine Wirkung der Macht. [...] Foucaults Konzeption leitet eine Verschiebung ein vom Diskurs über das – juridisch aufgefaßte – Gesetz (mit seiner Voraussetzung eines der Macht unterworfenen Subjekts) hin zu einem Diskurs über die Macht als Feld produktiver reglementierender und widerstreitender Beziehungen. Für Foucault erzeugt das Symbolische seine eigenen Subversionen [...].« (PdM: 95)

Das Subjekt wird also, so betrachtet, als in sich widerstreitende Beziehung (zu sich selbst) hervorgebracht: Es repräsentiert in sich Entmachtung und Ermächtigung zugleich. In der reflexiven Wendung der Macht auf das Subjekt liegt zugleich die Bedingung für die Entmachtung der das Subjekt konstituierenden Macht und deren Verschiebung zur Ermächtigung des Subjekts. Das

Subjekt wird, wie Butler ausführt, in der performativen, wieder-holenden Reartikulation seiner selbst als Subjekt, »zum Anlaß weiterer Schöpfungen« (PdM: 95). In diesem Sinn »konstituiert der Disziplinardiskurs bei Foucault nicht einseitig ein Subjekt, oder vielmehr konstituiert es [das Symbolische] [...] *zugleich* die Bedingung für die De-Konstitution des Subjekts.« (PdM: 95) Diesen wesentlichen Gesichtspunkt einer dekonstruktivistischen Subjekttheorie vernachlässigt eine Theorie des Subjekts, die auf die Freiheit des Subjekts als das Andere der Macht setzt.[73]

Subjektivierung entsteht demgegenüber in der Abhängigkeit von einem Diskurs, den wir uns, wie Butler annimmt, nicht aus-gesucht haben, der aber die Handlungsfähigkeit des Subjekts paradoxerweise erst ermöglicht. »›Subjektivation‹ bezeichnet den Prozeß des Unterworfenwerdens durch Macht und zugleich den Prozeß der Subjektwerdung.« (PdM: 8) Der Diskurs ist also gleichzeitig die produktive, erzeugende und die unterwerfende Macht, die dem Individuum eine soziale Existenz gibt. Dieser formierende, das Subjekt in seiner Sozialität erst hervorbrin-gende Charakter der Macht ist, so Foucault, gekoppelt an diszi-plinierende und regulierende Machtformen. Subjektbildung ist also unmittelbar mit der Einkörperung von Machtformen *im* Subjekt verbunden. Die Verkörperung von Macht besteht nicht in der bloßen Verinnerlichung von Normen, sondern bewirkt erst die Unterscheidung des Psychischen und des Sozialen. Da-mit ist das, was von Theorien psychischer Prozesse immer schon vorausgesetzt wird, das Psychische als ontologische In-stanz des Subjekts, selbst eine Wirkung von Macht. Butler geht davon aus, dass sich bereits die Errichtung eines psychischen Raums im Inneren des Subjekts Machtoperationen verdankt. Das Verlangen nach Unterwerfung unter soziale Normen wird demnach im Prozess der Subjektwerdung erzeugt, weil anders soziale Existenz nicht zu haben ist. Wo soziale Kategorien eine anerkennungswürdige und dauerhafte soziale Existenz gewähr-leisten, wird Unterordnung zum Preis der Existenz. (Vgl. PdM: 25) Es geht Butler m.a.W. um eine machttheoretische Refor-mulierung einer Theorie psychischer Prozesse, die auch die psy-chischen Folgen sozialer Macht und deren Verwerfungen the-matisiert: »Eine Neubeschreibung der Sphäre der psychischen Subjektivität ist erforderlich, um klarzumachen, wie gesellschaft-liche Macht Modi der Reflexivität erzeugt, während sie zugleich Formen der Gesellschaftlichkeit begrenzt.« (PdM: 25)

Gegen Foucault macht Butler geltend, dass seine diskursthe-oretische und machtkritische Analyse die spezifischen psychi-schen Mechanismen der Subjektivierung und damit die Bindung des Subjekts an die Macht, die es hervorbringt, vernachlässigt. Die Frage ist für Butler, welche psychische Form die Macht an-nimmt. Die Beantwortung dieser Frage erfordert eine Macht-theorie bzw. Genealogie psychischer Prozesse.

Das Projekt *Psyche der Macht* beginnt mit Hegels *Phänomeno-logie des Geistes*, die die Annäherung des abhängigen Knechts an die Freiheit sowie dessen enttäuschenden Fall in das unglück-liche Bewusstsein der eigenen Abhängigkeit nachzeichnet. In einer spezifischen Lesart von Hegels Abhandlung über *Herr-schaft und Knechtschaft*, in der die Selbstversklavung des Knechts im unglücklichen Bewusstsein als Effekt der Verwandlung des Herrn in eine psychische Realität erscheint, sieht Butler nicht nur die Denkfigur des auf sich selbst (zurück-)gewendeten Be-wusstseins vorweggenommen, wie sie Nietzsches Erzählung *Zur Genealogie der Moral* – in seiner Antizipation der freudschen Theorie – als psychische Machtform formuliert. Auch der Vor-schlag Foucaults, weniger nach den Befreiungsstrategien des Subjekts als vielmehr nach den regulierenden Mechanismen der Entstehung des Subjekts zu fragen, scheint, Butler folgend, be-reits in Hegels Abhandlung über das Selbstbewusstsein angelegt. Obgleich Foucaults begriffliches Instrumentarium nicht mit dem Hegels konvergiert, geht Butler davon aus, dass Foucaults Konzept der Subjektivierung, gleichzeitig Entwurf und Unterwerfung eines Subjekts zu sein, in gewisser Weise schon in Hegels Abhandlung über *Herrschaft und Knechtschaft* präfiguriert ist. Subjektivierung als Form des Selbstbewusstseins greift demnach tiefer als die bloße Unterordnung des Subjekts unter einen Machtapparat. Der Knecht wirft den Herrn als Äußeres nur ab, um sich (s)einer moralischen Welt von Normen und Werten zu unterwerfen. Als Subjekt geht er aus diesem Prozess durch die reflexive Anwendung moralischer Gesetze auf sich selbst hervor; darin besteht sein »unglückliches Bewusstsein«. Es stellt auf diese Weise eine Beziehung her zwischen körperlicher Unterwerfung und selbst auferlegten moralischen Imperativen, wie Nietzsches Kritik einer Genealogie der Moral und deren Rezeption durch Foucault deutlich machen.

Macht nimmt, davon geht Butler aus, die Form einer Wendung auf und gegen das Subjekt an, durch die das Subjekt allererst gebildet wird. Aber gerade diese Metapher impliziert ein Paradox der Referenzialität: Macht bezieht sich, folgt man Foucault und Althusser, auf etwas, was streng genommen noch gar nicht existiert, sondern erst durch Macht hervorgerufen oder, wie Althusser annimmt, durch die Macht »angerufen« wird.[74] In Althussers Theorie der Anrufung wird das Subjekt sprachlich hervorgerufen; seine Ent- und Unterwerfung erfolgen als Wirkung der performativen und autoritativen Kraft der Sprache. Hier wird das Subjekt durch die Macht der Benennung strukturiert. Die Anrufung erfolgt also als diskursive Produktion des sozialen Subjekts.[75] Aber, so wendet Butler ein, die Frage, warum das »angerufene« Subjekt auf die Anrufung reagiert, wird von Althusser nicht beantwortet. Wie weiß das Subjekt, dass die Stimme ihm gilt? Und warum akzeptiert es die Unterordnung durch Diskurse, die durch die Anrufung hervorgerufen wird? Warum »dreht sich das Subjekt um«, wendet es sich der Stimme des Gesetzes zu und worin besteht die Wirkung dieser Umwendung des Subjekts? Butler wirft die Frage auf, ob es sich dabei um ein schuldiges Subjekt handelt und wenn ja, worin seine Schuld besteht. Sie stellt die Überlegung an, ob die althussersche Theorie der Anrufung nicht implizit eine diskursive Theorie des Bewusstseins erforderlich macht. Denn: Die Anrufung ist auf eine Bereitschaft seitens des Adressaten oder eine Instanz im Subjekt angewiesen, die auf eine Bindung an die »göttliche Stimme« bzw. staatliche Autorität schließen lässt – wofür das Macht- und Subjektmodell Althussers allerdings keinen Anhaltspunkt bietet. »Die Anrufung des Subjekts durch die inaugurative Anrede der Staatsmacht setzt nicht voraus, daß ein Gewissen schon eingeschärft wurde, sondern daß das Gewissen als psychische Operation einer reglementierenden Norm ein spezifisches psychisches und gesellschaftliches Funktionieren der Macht darstellt, von dem die Anrufung abhängt, die sie jedoch nicht erklären kann.« (PdM: 11) Butler hebt hier also darauf ab, dass die reflexiven Instanzen des Subjekts, das Bewusstsein und das Gewissen, eine Funktionsweise der anrufenden Macht selbst darstellen. Sie werden in der Anrufung durch eine diskursive Macht erzeugt.

Gegen Althussers Modell der Anrufung gewendet, wonach das Subjekt sich umwenden und die an es gerichtete Adresse annehmen muss, argumentiert Butler diskurstheoretisch mit Foucault: »Man muß die Anrufung von der Figur der Stimme ablösen, damit sie als Instrument und Mechanismus von Diskursen hervortritt, deren Wirksamkeit sich nicht auf den Augenblick reduzieren läßt.« (HS: 52)

Butler kritisiert, dass Althussers Sicht auf die Funktion eines zentralisierten Staatsapparats beschränkt ist, dessen Worte Taten sind, die nach dem Modell einer göttlichen Autorität oder souveränen Macht geformt sind. Foucaults Diskursbegriff steht diesem souveränen Gesetzesmodell von Macht entgegen und bezieht sich auf die Wirkmächtigkeit von Diskursen. Macht erscheint hier als formierende und zugleich unterwerfende Macht. Das Subjekt wird, entgegen der Annahme von Althusser, dass es jemanden geben muss, »der sich umwendet und den Ausdruck, mit dem er angerufen wird, reflexiv übernimmt« (HS: 53), konstituiert, ohne dass es davon wissen muss. Die sprachliche Konstituierung des Subjekts kann somit »auch ohne das Wissen des Subjekts vonstatten gehen« (HS: 53); sie beruht auf einer »diskursiven Macht, die ohne Subjekt verfährt und dabei zugleich das Subjekt konstituiert« (HS: 54). Diskurstheoretisch vollzieht sich Subjektbildung aufgrund anonymer, übersubjektiver Machtoperationen.

Hier greift Butler wieder auf Foucaults Machtmodell zurück: Macht verändert sich in der modernen Gesellschaft vom Typus der souveränen Macht eines einzigen Machthabers, eines Souveräns, zu einer komplexen strategischen Situation von Kräfteverhältnissen.[76] Vorausgesetzt wird die bürokratische und disziplinäre Diffusion, die Zerstreuung der souveränen Macht. Macht ist nicht mehr eindeutig lokalisierbar und kann nicht einer Autorität, einem Urheber zugeordnet werden. Vielmehr entsteht stattdessen das »Gebiet einer diskursiven Macht«[77], die als zirkulierende nicht mehr auf Individuen als Urheber der Diskurse zurückgeführt werden kann. Sie operiert mithilfe einer fortwährenden Unterwerfung des Subjekts, was bedeutet, dass das Subjekt sich die Diskurse, die es in seinem Handeln leiten, nicht ausgesucht hat und dass es die Bedeutung der Diskurse nicht kontrolliert. Insofern streichen die Möglichkeitsbedingungen des Subjekts und seiner Handlungsmacht, seine diskursive Einsetzung und Anrufung, letztlich die Möglichkeit seiner Autonomie und Autogenese durch. (Vgl. HS: 45) Obgleich es kein Sprechen ohne ein Subjekt gibt, übt das Subjekt nicht die souveräne Macht über das aus, was es sagt. Der letzte Ursprung der Machtausübung liegt nach Butler im Ungewissen. Sie geht davon aus, dass die Funktionsweisen der Macht das durch sie konstituierte Subjekt übersteigen. (Vgl. HS: 55)

Bestandteil der Machtoperation, die das Subjekt einsetzt, ist die »Bindung an Unterordnungen«; sie zählt »zu ihren heimtückischsten Hervorbringungen« (PdM: 12). Das Subjekt erscheint als die Art von Macht, die auf sich selbst zurückgewendet wird und eine reflexive Form annimmt. Es ist eine reflexive Machtwirkung, »eine Modalität der auf sich selbst zurückgewendeten Macht« (PdM: 12). Butler geht davon aus, dass sich die Konstitution des Subjekts reflexiv in der wiederholten (Rück-)Wendung des Subjekts auf sich selbst ereignet, eines Subjekts, das streng genommen gar nicht existiert, sondern erst durch die Wendung entsteht. Das Ergebnis dieses Gründungsmoments ist die psychische Instanz des Gewissens, die von Butler hinter Freud und Nietzsche zurück auf die hegelianische Denkfigur eines reflexiv auf sich gewendeten Bewusstseins bezogen wird, ohne die Subjektivierung für Butler nicht denkbar ist.

Sie fragt danach, wie das der Macht unterworfene Subjekt gleichzeitig als widerständig, von der Macht freigesetztes zu denken ist. Die Hintergehbarkeit der das Subjekt normativ gestaltenden Macht durchzieht, mit unterschiedlichen Perspektiven, die Schriften Butlers. Die Schwierigkeit der Durchsetzung eines subjektiven Anspruchs oder Anrechts auf die Hintergehbarkeit von Normen besteht, so Butler beispielsweise in *Psyche der Macht* und in *Antigones Verlangen: Verwandtschaft zwischen Leben und Tod*, darin, dass die Normierung, durch ihren wiederholten Vollzug und ihre unbewusste Integration ins Subjekt, dem Bewusstsein als solche verstellt ist. Das Unbewusste kann nur durch dessen Reexternalisierung und sprachliche Artikulation freigesetzt werden. Hier knüpft sie an psychoanalytische Gedankengänge Freuds, insbesondere dessen Ausführungen über *Trauer und Melancholie* und *Das Ich und das Es*, an. Butler rekonstruiert die psychischen Konstitutionsvorgänge und die psychische Topographie des Subjekts als Wirkung sozialer und diskursiver Macht. Damit richtet sie sich gegen romantisierte Vorstellungen vom Unbewussten als psychischem Rest und als Ort des Widerstands gegen soziale und symbolische Macht.

Nietzsche bezeichnet jene Wendung des Subjekts als »schlechtes Gewissen« und spricht in diesem Zusammenhang vom »Willen zur Selbstpeinigung« und »Selbstmarterung«[78] als christlich-abendländischem Prinzip der Vergesellschaftung des Menschen – eine Denkfigur, die in Foucaults Begriff der Disziplinarmacht wieder erscheint.[79] Butler geht davon aus, dass Nietzsche politische Einsichten in die Formierung des Psychischen und das Problem der Subjektivierung bietet, insofern diese nicht nur als bloße Unterordnung des Subjekts unter eine Norm verstanden wird, sondern als Konstruktion und Konstitution, als Entwurf und Bildungsprozess eines Subjekts, die die Unterordnung unter die Macht implizieren. Butler schlägt vor, die Macht, die das Subjekt – als Platzhalter und Position in einer symbolischen Struktur – hervorbringt und die sich gegen das Subjekt wendet, nicht als Willen eines Subjekts zu betrachten. Macht bildet vielmehr den Ort, an dem das Soziale das Psychische impliziert und an dem sich die Macht, instituiert über Sprechakte, als innere Stimme etabliert, »topographisch dargestellt als psychische Werkzeuge und Institutionen innerhalb einer psychischen Landschaft« (PdM: 183). Macht wird hier gleichgesetzt mit jenem unausweichlichen »Verdikt der Gesellschaftlichkeit, das die Spur seiner Wendung auf dem Schauplatz unserer Entstehung hinterläßt« (PdM: 184), das also unabdingbare Voraussetzung für Subjektbildung ist.

Das Subjekt erweist sich aus dieser Perspektive als Produkt einer Macht, die die Errichtung einer innerpsychischen Machtinstanz, des Gewissens, vorsieht. Als gleichsam »machtgeladenes Schema« (PdM: 87) für die Produktion und Verwirklichung des Körpers und des Subjekts erweist sich die Psyche, so Butler mit Rekurs auf Foucaults machttheoretische Konzeption des Subjekts, als Voraussetzung der Disziplinierung und Unterwerfung des Körpers. Damit erfüllt sie die Funktion, die das Über-Ich als Gewissensinstanz in der freudschen Theorie des psychischen Apparats einnimmt, nämlich die eines normativen Ideals, nach dem der Körper geformt, geschult, gezüchtet und ausgestattet wird. Zugleich aber gibt sie ihm eine soziale Existenz, eine Verortung in der Gesellschaft: »Ähnlich wie bei Aristoteles formt und rahmt die Seele [bei Foucault] als Machtwerkzeug den Körper, prägt ihn und bringt ihn damit ins Sein.« (PdM: 87) Subjektivierung geht, so folgert Butler, auf Kosten des Körpers: »Das Subjekt nimmt nicht nur tatsächlich den Platz des Körpers ein, sondern handelt auch als die Seele, die den Körper in Gefangenschaft einrahmt und formt. [...] Die Bildung dieses Subjekts ist zugleich die Einrahmung, die Unterordnung und die Reglementierung des Körpers.« (PdM: 88 f.)

Gesellschaft erscheint so, vermittelt über eine moralische Instanz, als immer wieder performativ angewendete, ein reflexives Subjekt begründende Gewalt, die es, in Form des Gewissens, gegen sich selbst und seinen Körper wendet. Während Nietzsche diese Moral als Krankheit betrachtet, bildet sie bei Butler den Angelpunkt gesellschaftlicher Einschreibungen ins Subjekt.

Besonders mit Bezug auf Foucault verdeutlicht sie, dass und wie sich die produktiven Kräfte diskursiver Machtbeziehungen im Subjekt auf das Subjekt selbst beziehen: Formierung, Disziplinierung und Regulierung des Subjekts sind auf diese Weise ein und derselbe Vorgang. Dabei schreibt sie ihr Subjektmodell in die freudsche Theorie des psychischen Apparates und seiner Bildung ein. In der Rekonstruktion der sozialen Regeln, nach denen sich der psychische Apparat bildet, besteht die machttheoretische Reformulierung einer Theorie psychischer Prozesse. Die begründende Denkfigur im Diskurs der Psyche ist die Figur der (Um- oder Rück-)Wendung. Mit dieser reagiert das Subjekt auf die Paradoxie der Macht, die das Subjekt in der Unterwerfung inauguriert. Butler fragt weiter, was geschieht, wenn die machtförmige Unterwerfung des Subjekts zugleich die Verwerfung anderer Existenzformen impliziert, ja wenn die Verwerfung zur Möglichkeitsbedingung der sozialen Existenz des Subjekts wird. Was passiert, wenn ein Begehren rigoros dadurch versperrt wird, dass es in den Bereich der Abweichung fällt und daher sozial nicht gelebt werden kann. Hier schließt sie an ihre Ausführungen zur freudschen Theorie der Melancholie im *Unbehagen der Geschlechter* (vgl. UG: 92 f.) an: »Erzeugt das nicht eine von Melancholie betroffene Gesellschaftlichkeit, ein Zusammenleben, in dem ein Verlust nicht betrauert werden kann, weil er als Verlust nicht anerkannt werden kann, weil, was verloren wurde, niemals eine Existenzberechtigung hatte?« (PdM: 28 f.) Die Bedingung für die Errichtung eines Regimes der Zwangsheterosexualität scheint, so Butler, eine »Kultur der Geschlechtermelancholie« (PdM: 132) zu sein, insofern sie Spuren nicht betrauerter und betrauerbarer Liebe in sich trägt und auf der Verwerfung und Verleugnung homosexueller Objektbeziehungen beruht. (Vgl. UG: 92 f.; PdM: 125 f.)

Der vorgängige Verlust eines Liebesobjekts wird dann zur Bedingung der sozialen Existenz des Subjekts, wobei die gesellschaftliche Ausgrenzung bestimmter Formen von Liebesbeziehungen, so Butler, nur deren melancholische Verarbeitung ermöglicht, die bei Freud mit einer unabgeschlossenen und unlösbaren Trauer verbunden ist. Als solche entzieht sie sich der bewussten Verfügung durch das Subjekt und bezeichnet die Grenze seiner Reflexivität. Dabei wird die Melancholie, die Freud als Ausdruck des Rückzugs des Subjekts von der Außenwelt und Umwendung libidinöser Energie vom Objekt auf das Subjekt betrachtet, bei Butler zum unbewussten Ausdruck des unaussprechlichen Verlusts eines Objekts, das aus dem symbolischen Gesetz der Objektwahl ausgeschlossen ist. Es ist dieser nicht betrauerbare Verlust (früher Objektbeziehungen), der Butler als »Verlustgeschichte«, als »Ablagerung von Ersatzbeziehungen« zur »ontologischen Wirkung des Selbst« (PdM: 158), zum Sein des Subjekts gerinnt. Das Unbewusste, Sprachlose bildet den Bereich der Exkommunikation aus dem symbolisch Gesetzten; das Objekt schreibt sich als Sprachverlust und damit unbewusst der Psyche ein. Die Macht des symbolischen Gesetzes scheitert freilich aus Gründen der Subjektbildung. Denn als das Subjekt unterwerfende Macht, die das Subjekt unbewusst und daher sprachlos macht, wird dieselbe Macht, reflexiv nach innen gewendet, zur innerpsychischen Kraft der Umwendung des Subjekts zur Sprache. Diese Performativität des Subjekts, das sich durch Sprache konstituiert, wird jetzt vom Subjekt erzeugt und artikuliert.

Diese Möglichkeit der sprachlichen Reartikulation des Subjekts ist zugleich eine Antwort auf die Frage, wie das Überleben gesichert sein soll, wenn die Bedingungen der Existenz jene Bedingungen sind, die Unterordnung verlangen. Butler teilt die Auffassung Foucaults, dass die Existenz des Subjekts als soziales Wesen abhängig ist von seiner sozialen Unterwerfung unter eine Welt von anderen. Anders als Foucault gelangt sie jedoch zu der Ansicht, dass das Subjekt bereits im Akt seiner sozialen Hervorbringung entfremdet ist: »Bedingungen ausgesetzt, die man nicht selbst geschaffen hat, beharrt man immer auf diese oder jene Weise mittels Kategorien, Namen, Begriffen und Klassifikationen, *die eine primäre und inaugurative Entfremdung im Sozialen markieren.* Wenn solche Bedingungen eine primäre Unterordnung, ja Gewalt bedeuten, dann entsteht ein Subjekt, um für sich selbst zu sein, paradoxerweise gegen sich selbst.« (PdM: 32; Hervorhbg. durch H. B.)

Sozialität erscheint dann als dasjenige, was die Existenz des Subjekts gewährt, und zugleich als Bedingung seiner Entfremdung, insofern es sich in sozialen Zuschreibungen nicht wiedererkennt. Denn die Macht, die das Subjekt konstituiert, ist gleichzeitig diejenige, die es negiert. Dies verweist zurück auf den Zwangscharakter der kulturellen Matrix. Das Spektrum der Machtwirkungen, die ein Individuum als gesellschaftlich anerkanntes einsetzen und formen, verengt sich aus dieser Perspektive auf eine gewaltförmige Sozialität.

Diese Auffassung einer primären Entfremdung im Sozialen deutet auf die Vorstellung eines Subjekts hin, dem Sozialität Gewalt zufügt. Subjektwerdung erscheint als Gewaltakt, der das soziale Leben um den Preis sichert, durch Verwerfung und Ausschluss das Leben derjenigen Subjekte zu bedrohen, die der Norm nicht genügen; gleichzeitig ist das soziale Subjekt ohne die Norm nicht denkbar. Darin bestehen die Paradoxie und das Risiko machtförmiger Subjektivierung. Zur Verleugnung dessen gezwungen, was im Rahmen sozialer Normen nicht zulässig erscheint, wirkt die Norm auf die gefährdeten Individuen zerstörerisch. Der soziale Suizid resultiert dann nicht, wie bei Durkheim, aus der Abwesenheit von Normen, dem Zustand der Anomie, sondern aus der reglementierenden Funktion sozialer Normen, die sich gegen das Bedürfnis des Subjekts nach Selbsterhaltung und nach Selbstanerkennung richten. Dennoch wird auch bei Butler in diesem Fall die »Abwesenheit von Normen« unterstellt, in der sich das Subjekt wieder- und anerkennen kann. Butler knüpft hier an Spinozas Auffassung eines Selbsterhaltungsstrebens an, mit der er sich gegen die cartesianische Trennung von Körper und Geist wendet und der Auffassung widerspricht, die Naturgesetze könnten durch den menschlichen Verstand verändert werden. Dieses Bestreben, das eigene Sein zu erhalten, mündet bei Spinoza nicht in einen asozialen Egozentrismus, sondern in eine Tugend. Demnach beruht die Kraft der Vernunft darauf, dass sie im Einklang mit der Natur (des Menschen) steht. Butler schlägt vor, diese »metaphysische Substanz, die das Ideal des Strebens bildet, etwas geschmeidiger als soziales Sein« zu fassen, denn »dann kann man vielleicht das Streben nach dem Beharren im eigenen Sein als etwas beschreiben, über das sich nur unter den riskanten Bedingungen des gesellschaftlichen Lebens verhandeln läßt. Das Todesrisiko ist damit der Unüberwindbarkeit des Sozialen koextensiv.« (PdM: 31 f.) Soziale Macht wird zu Gewalt, wenn sie das soziale Sein an Bedingungen knüpft, die dem Subjekt das Leben nehmen. Damit wird aber der normalisierende Aspekt von Macht, den Foucault im Anschluss an sein Modell der Disziplinarmacht als Normalisierungsmacht bezeichnet[80], vernachlässigt. Abweichungen von der Norm erscheinen darüber hinaus bei Butler immer schon als Verwerfungen, als Ausgegrenztes und somit als Anknüpfungspunkt subversiver Strategien, während sie bei Foucault Elemente von Normalisierungsfeldern bilden[81], die die soziale Integration der Gesellschaft erst gewährleisten und der Macht der Norm zum Durchbruch verhelfen. Dann erscheinen Normen nicht als fertige Kategorien, sondern als normalisierende Ordnungsmuster, denen selbst bereits die Verschiebung von Normalitätszonen innewohnt. Sie garantieren die Produktion flexibler »Subjekt-Taktiken« im Sinne einer flexiblen »Selbst-Normalisierung«[82].

Auch unterläuft Butler ihre eigene dekonstruktivistische Position durch die spekulative Annahme eines quasi ontologischen

Beweggrundes des Subjekts, seine diskursiv-sprachliche Konstitution zu unterlaufen. Ungeachtet ihrer Bezugnahme auf Foucaults Subjektkonzeption bewegt sie sich nun auf der Ebene anthropologisch-ontologischer Argumentationsfiguren.[83]

Auch die Entfremdungsmetapher wird bei Butler zwar soziologisch begründet, gerät aber zur anthropologisch fundierten Kategorie, zur Metapher der Entfremdung durch die Gesellschaft schlechthin. Im Gründungsakt des Subjekts werden Individuum und Gesellschaft gleichsam zu Antipoden. Das Subjekt wird von der Gesellschaft gezwungen, sich letztlich gegen sich selbst zu wenden. Geht die Auffassung, dass Subjektivation den Prozess des Unterworfenwerdens und zugleich den der Subjektwerdung bezeichnet (vgl. PdM: 8), zweifellos auf Foucaults historischen Subjektentwurf zurück, so legt die Annahme einer primären Entfremdung des Subjekts im Gründungsakt die Vermutung nahe, dass Butler hierbei hinter Foucaults und Nietzsches genealogische Analyse auf eine hegelianische Denkfigur zurückgreift, die sich auch in der kritischen Theorie wiederfindet: Das sozial konstituierte Subjekt ist immer schon entfremdet, auf Verlust gegründet; »aus dieser Ambivalenz scheint es keinen Ausweg zu geben« (PdM: 184).[84] Foucault analysiert hingegen die historischen »Kämpfe, die den Status des Individuums infrage stellen«, als gegen eine Regierungsform der Menschenführung gerichtet, die moderne Staaten und Gesellschaften kennzeichnet und die er als »Regieren durch Individualisieren«[85] umschreibt. In seiner Untersuchung der »Art und Weise, in der ein Mensch sich selber in ein Subjekt verwandelt«, fasst Foucault diese Kämpfe als gegen die Privilegien, das »Régime des Wissens« gerichtet auf, das »das Individuum in Kategorien einteilt, ihm seine Individualität aufprägt, es an seine Identität fesselt, ihm ein Gesetz der Wahrheit auferlegt, das es anerkennen muß und das andere in ihm anerkennen müssen. Es ist eine

113

Machtform, die aus Individuen Subjekte macht.«[86] Diese Macht birgt in sich eine Doppelstruktur: Zum einen unterwirft sie die Subjekte, die sie hervorbringt, zum anderen bringt sie jene Selbsttechnologien hervor, durch die ein Subjekt »durch Bewußtsein und Selbsterkenntnis seiner eigenen Identität verhaftet«[87] ist. Die Macht sorgt somit selbst dafür, dass das Subjekt sich – unter Anwendung sozialer Kategorien und Klassifikationen – um sich sorgt, zum Gegenstand der Selbstsorge wird, und macht sich damit in gewisser Weise überflüssig. Sie produziert, wie Butler sagen würde, ihren eigenen Entzug. Gegen diese Form der Festlegung des Individuums auf eine Identität – und gegen die die unbeabsichtigten Körperregungen disziplinierende und Abweichungen normalisierende Subjektbildung – gerichtet, artikulieren sich, so Foucault, historische Kämpfe (der Subjekte), die darauf abzielen, das Individuum in seinem Recht, anders zu sein (als die Norm), zu behaupten. Sie bekämpfen das, »was das Individuum absondert, seine Verbindungen zu anderen abschneidet, das Gemeinschaftsleben spaltet, das Individuum auf sich selbst zurückwirft und zwanghaft an seine Identität fesselt«[88]. Es geht bei Foucault also nicht um eine Ontologie der Macht oder des Subjekts, sondern um deren kritische Untersuchung. In der Kritik an dieser machtförmigen Hervorbringung von Subjektivität tritt Foucault, gegen das cartesianische, universale und unhistorische Subjekt, mit Kant für eine kritische Ontologie ein, die danach fragt, was das Subjekt in einem historischen Moment der Geschichte ist.[89]

Butler beharrt demgegenüber auf einer Paradoxie der machtförmigen Subjektbildung, die in der sprachförmigen Normierung des Subjekts verankert ist: »Das Subjekt ist zur Wiederholung der gesellschaftlichen Normen gezwungen, durch die es hervorgebracht wurde, aber diese Wiederholung bringt Risiken mit sich, denn wenn es einem nicht gelingt, die Norm ›richtig‹

wiederherzustellen, wird man weiteren Sanktionen unterworfen und findet die vorherrschenden Existenzbedingungen bedroht.« (PdM: 32) So birgt die bloße Wiederholung von Normen sowohl die Gefahr der gesellschaftlichen Sanktion, der Verwerfung von Subjektivierungsformen als auch die Möglichkeit der Subversion in sich. Gegen die gesellschaftliche Ausschaltung der ersten Person setzt sie auf die sprachförmige Widerständigkeit des Subjekts. Sie zieht die Möglichkeit des Subjekts in Betracht, die Perspektive der ersten Person dort einzunehmen, wo Sozialität auf sprachliche Erfordernisse rekurriert. Aufgrund der Unabgeschlossenheit der Subjektbildung gelingt es dem Subjekt, so Butler, performativ die Umrisse der Lebensbedingungen immer wieder neu zu zeichnen, auch wenn dadurch das Leben andauernd aufs Spiel gesetzt wird. Eine andere Form von Widerstand scheint gegen eine Macht, die Subjektwerdung und Unterwerfung nicht unterscheidet, nicht denkbar. Das sprechende Subjekt wird dort wieder eingesetzt, wo Subjektbildung zwar vorausgesetzt, aber nicht abgeschlossen ist. Hier geht es nicht um die Befreiung einer verborgenen oder verdrängten Subjektivität, sondern vielmehr um die Erzeugung einer lebbaren Subjektivität, wo soziale Macht sich selbst zersetzt.

Zu dieser findet das normativ geregelte Subjekt Zugang nur durch Zersetzung der Machtverhältnisse, die sich in die Psyche des Subjekts eingegraben haben, durch Reartikulation des sozial Verworfenen, Unbewussten. Sie ergibt sich aus der Machtförmigkeit des Subjekts selbst. Die Anrufung des Subjekts durch die symbolische Ordnung misslingt insofern, als sie zwar ein Subjekt einsetzt und entwirft, es jedoch zugleich in seiner lebbaren Realität verfehlt. Der Versuch, das Subjekt vollständig zu determinieren und der symbolischen Ordnung zu unterwerfen, scheitert. »Zwar hat der gesellschaftliche Diskurs die Macht, ein Subjekt durch Aufzwingen seiner eigenen Bedingungen zu formen und zu reglementieren. Diese Bedingungen werden jedoch nicht einfach angenommen oder verinnerlicht; psychisch werden sie nur durch jene Bewegung, durch die sie verborgen und ›gewendet‹ werden.« (PdM: 183) Indem die Macht zu einer psychischen Instanz wird, wirkt sie nicht mehr einseitig auf das Subjekt ein. Dieses ist nun vielmehr, durch die machtförmige »Erfindung der Psyche als eines sprechenden Topos« (PdM: 184), selbst die Macht. Damit verschwindet soziale Macht *im* reflexiv gewendeten Subjekt.

»Queer« eröffnet so, als politischer Ausdruck des Abwesenden, des von der Norm Abweichenden, des Namenlosen, die Möglichkeit, der Melancholie eines Begehrens, das um des eigenen Selbst willen nicht aufgegeben werden kann, einen Namen zu geben und damit einen Teil der psychischen Landschaft wieder zugänglich zu machen und zu reterritorialisieren.

Die Wiedereinsetzung des nicht Betrauerbaren, weil sozial Verworfenen, kann, als politische Bewegung verstanden, nun als Rückeroberung jenes Teils der verräumlichten »Landschaft des Geistes« (PdM: 163) gelesen werden, die zugleich die Bereiche des Psychischen und des Gesellschaftlichen und ihre Beziehung zueinander, damit aber auch soziale Grenzen, ein Stück weit verschiebt.

Damit werden die macht- und die subjekttheoretische Perspektive auf politische Subversion zusammengeführt. Die foucaultsche Formel »Wo Macht ist, ist auch Widerstand« wird subjekttheoretisch reformuliert. Macht zersetzt sich selbst in der Reflexivität des Subjekts. Sie wird zur »Waffe«, die sich – im Schuldgefühl, in der Verletzung – nicht nur gegen das Subjekt richtet, sondern diesem auch als Werkzeug dient, die soziale und psychische Gefährdung von sich abzuwenden. Die grundlegende Ambivalenz des Subjekts, das »Verdikt der Gesellschaftlichkeit« des Subjekts, bleibt damit erhalten.

5. Kritischer Ausblick

Vor allem in der deutschsprachigen Rezeption wird auf die mangelnde historisch-gesellschaftliche Fundierung der machttheoretischen Analysen Judith Butlers abgehoben, die im Gegensatz zu ihrer Orientierung an Foucaults (und Nietzsches) Genealogie als kritischer, historischer Methode stehe. Auch die Frage der Widerständigkeit ihrer dekonstruktivistischen Subjektkonzeption ist Gegenstand einer in einigen Aspekten erbittert wirkenden Kritik.[90]

Besonders in der feministischen Diskussion aber stößt die Radikalität ihrer Annahme, dass Diskurse sich auf der Ebene des Körpers als stoffliche Materialität artikulieren und geschlechtliche Identitätsprozesse bestimmen, auf Kritik. Damit verbunden ist der Vorwurf der »Entkörperung«.[91] Dabei richtet sich diese Kritik vor allem gegen die Annahme, dass der Körper als Naturressource selbst diskursiv hervorgebracht sei, dass »bereits die Unterscheidung zweier Geschlechter den Kern des heterosexistischen Gesetzes ausmacht und so das Gefängnis des Geschlechts [...] produziere«[92]. Insbesondere aus einer phänomenologischen Position erfolgt die Verschiebung des Körpers als Fundament von Geschlecht durch leibtheoretische Annahmen und durch die Erweiterung der Semantik des Körpers.[93] Des Weiteren artikuliert sich die Kritik an der fehlenden historischen Situierung des Konzeptes der Zweigeschlechtlichkeit sowie an der fehlenden empirisch-gesellschaftlichen Analyse von Sexualität im Kontext der Generativität des Geschlechts: »Während Foucault die Begriffe ›sex‹ und ›Sexualität‹ [...] historisiert hatte, universalisiert Butler [...] diesen Befund mit der Behauptung, der geschlechtlich identifizierte Körper sei generell diskursiv produziert – und nicht nur die jeweils spezifische Semantik, die wahrnehmbare Körperdifferenzen interpretiert. Damit geht gerade der Gewinn der foucaultschen Perspektive verloren, durch historische Kontrastierung deutlich zu machen, daß das System einer exklusiven Zweigeschlechtlichkeit, die keinerlei Übergänge oder Restkategorien kennt, als ein Kernelement der seit dem 18. Jahrhundert sich durchsetzenden Normierungsmacht zu verstehen ist.«[94]

Butlers politische Theorie wird darüber hinaus von einigen Kritikerinnen auf einen »semiotischen Guerillakrieg« reduziert, der an der praktischen, politischen Veränderung der Geschlechterverhältnisse vorbeigehe und sich auf eine Minderheit von »Abweichenden« beziehe. Dabei verstellt die Stilisierung der von der Norm Abweichenden zum widerständigen politischen Subjekt des Feminismus außerdem den Blick darauf, dass die Abweichung längst zum integralen Moment einer Normalisierungsmacht geworden und daher als Ort des Widerstands untauglich geworden ist.

Die kritische Rezeption kreist im Wesentlichen immer wieder um die fehlende Gesellschaftlichkeit und Historizität ihrer Theorie. So wird ihr nachhaltig vorgeworfen, dass ihre Konzeptualisierung einer »subversiven Identitätspolitik« in letzter Konsequenz auf eine Verleugnung des Sozialen hinauslaufe, insofern sie die gesellschaftlich-historischen Bedingungen von Potenzialen des Widerständigen vernachlässige und ihr sprachstrukturell angelegtes Konzept der möglichen Verschiebung von Bedeutungen einer sprachphilosophischen Engführung unterliege.[95]

Eine sich dem anschließende Überlegung wäre, ob Judith Butlers Theorie hinter ihre eigenen Ansprüche einer kritischen, genealogisch-subversiven Theorie zurückfällt und möglicherweise – hinter Foucault zurück – überhistorische Wahrheiten zu vermitteln beansprucht. Gleichzeitig gibt es Anhaltspunkte für eine andere Lesart: Butlers methodisches Vorgehen ist beschreibbar als ein mimetisches, performativ wiederholendes Durchqueren derjenigen Diskurse, die sie kritisiert. In der »Redundanz« ihrer Ausführungen sucht sie den historischen Ort des Entstehens derjenigen Denkfiguren, die sie verwirft oder die sie weiterführt, in den Diskursen auf, die sie kritisiert. Damit vollzieht sie das genealogische Verfahren einerseits als Methode der Kritik und gibt ihm gleichzeitig eine eigene Wendung, nämlich die der performativen Wiederholung einer Norm, die sie verschiebt. Auf diese Weise gleichen Inhalt und Form ihrer Theorie einander in gewisser Weise. Es ist die Form einer wiederholten, kritischen Verschiebung.

Die vorgestellten Gesichtspunkte bildeten den Anlass, eine Reihe von Fragen im Dialog mit Judith Butler zu klären.

Anhang

Ein Interview mit Judith Butler

H.B.: Mir fällt auf, dass die Kritik an Ihrer Theorie (des Zusammenhangs von Macht, Diskurs und Körper, des »postmodernen« Subjekts, der subversiven Potenziale, der Widerständigkeit des Subjekts usw.) oft aus einer Position erfolgt, die sich nicht hinreichend auf Ihre Theorie einlässt, sondern stattdessen im Rahmen desjenigen Denkmodells verbleibt, von dem aus die Kritik erfolgt. Sie bezieht sich also stärker auf die eigene als auf Ihre Position. Was ich meine, ist: Feministische Theorie hält, als kritische Theorie, fest am Begriff eines diskursiv unverfügbaren Subjekts, also an jener Idee des Subjekts, die poststrukturalistische Theorie dekonstruktivistisch überwindet. Die Frage lautet: Wie ist Kritik im Sinne einer produktiven, kritischen Auseinandersetzung unterschiedlicher Theorieansätze grundsätzlich möglich? Wie kann der Ort beschrieben werden, von dem aus die Kritik (an Ihrer Theorie) artikuliert wird? Und was bedeutet es für Ihre Antwort, wenn die Position der Kritik die einer Lehrmeinung ist, die Ihre Position als die einer häretischen Abweichung bestimmt? Liegt hier nicht ein Beispiel für die notwendige Dekontextualisierung theoretischer Begriffe vor, um ihnen eine andere Bedeutung zu geben, wie Sie dies in *Haß spricht* beschreiben?

J.B.: Wir müssen zwischen Theorie und Lehrmeinung unterscheiden. Meine Ansicht ist, dass Theorie sich, wenn sie einem kritischen Anspruch folgt, an der Grenze zur Lehrmeinung bewegen muss, nicht, um eine (kritisierte) Theorie völlig aufzulösen, sondern um nachzuvollziehen, wie und auf welche Weise sie konstruiert ist. Ich bin überaus abhängig von den Theorien, die ich kritisiere. Für mich ist Kritik den Positionen, die meine Theorie kritisiert, nicht äußerlich. Theorie muss sich in die kritisierten Positionen hineinbegeben, in sie eintauchen. Und sie muss ihrerseits auch von ihnen durchdrungen sein, sie muss jene Positionen in sich aufnehmen. Theorien sind Quellen und Bedingungen des Handelns. Und es scheint mir so zu sein, dass nur durch sorgfältiges Lesen und durch den einer bestimmten Theorie gewidmeten Antagonismus etwas Neues entsteht.

H.B.: Das führt mich zur Frage Ihrer Theorie-Architektur. Offensichtlich durchqueren Sie verschiedene Diskurse, um Ihre eigene Position zu (er)klären. Würden Sie sagen, dass Ihre Theorie bestimmte Fragen kontinuierlich verfolgt, und welche Fragen sind dies? Gibt es eine Ihrer Theorie zugrunde liegende kohärente Fragestellung?

J.B.: Ich nehme an, dass die Kohärenz meiner Theorie in der Art und Weise besteht, in der die Fragen sich wiederholen. Sie ist der Kohärenz einer Kurzgeschichte oder Novelle vergleichbar: Man findet dort das wiederkehrende Motiv, das, hoffentlich, durch die Wiederholung vertieft und komplexer wird. Ich denke, dass die Beziehung von Begehren und Anerkennung in allen meinen Texten gefunden werden kann. Und dass mein Argument das einer wechselseitigen Abhängigkeit von Begehren und Anerkennung ist.

H.B.: Dieser Aspekt lässt sich, so scheint mir, vor allem auf Ihre Ausführungen in *Psyche der Macht* beziehen. Dort sprechen Sie von einer »primären und inaugurativen Entfremdung des Subjekts«, insofern das Subjekt durch Kategorien, Namen, Begriffe und Klassifikationen sozialen Bedingungen ausgesetzt ist, die es nicht selbst geschaffen hat, und gleichzeitig, was seine soziale Existenz betrifft, keine andere Wahl hat. Was bedeutet das für die soziale Existenz als einzige Möglichkeit des Subjekts, zu existieren? Gibt es bei Ihnen die dahinter stehende Vorstellung eines nicht entfremdeten Subjekts? Und wenn ja, verlassen Sie damit nicht den Rahmen poststrukturalistischer Theorie?

J.B.: Ich bin nicht so sehr daran interessiert, mich loyal gegenüber dem Poststrukturalismus zu verhalten, und manchmal weiche ich von ihm ab und verabschiede mich von ihm. Aber der Poststrukturalismus bleibt weiterhin ein entscheidender Horizont meines Denkens, obgleich nicht der einzige.

Aber was Sie wahrscheinlich aufgreifen, ist die These, dass jedes Subjekt das Begehren hat, im eigenen Sein zu beharren, eine These Spinozas, mit der ich arbeite. Und wenn das stimmt und wenn bestimmte soziale Anrufungen (nicht alle) das Subjekt zwingen, auf seiner eigenen Auslöschung zu beharren, und wenn es auch stimmt, dass zu existieren bedeutet, in Beziehung zu einer sozialen Norm, die einem eine soziale Existenz gewährt, zu existieren, dann kann die Abwesenheit von Normen, in denen sich das Subjekt (an)erkennen kann, zum Selbstmord des Subjekts führen.

H.B.: Ich verstehe Ihre Position, soweit sie die Frage der Subjektivierung betrifft. Aber ich würde meine Frage, was das Subjekt und die Subjektivierung angeht, gerne noch einmal anders stellen: Schon 1987 bezogen Sie sich in *Subjects of Desire* auf den hegelschen Subjektbegriff. In *Psyche der Macht* kehren Sie wieder zum Subjekt zurück. Was ist Ihrer Meinung nach der Unterschied zwischen beiden Positionen?

J.B.: Ich denke, es ist eine Sache, wie Hegel davon auszugehen, dass das Subjekt Anerkennung braucht, nicht nur, um sich selbst zu erkennen, sondern auch, um ein Selbst zu werden. Und es ist eine andere Sache, davon auszugehen, dass das Selbst und die Selbst(an)erkennung von Normen eingerahmt werden, die variabel sind und die, in einigen Fällen, die Möglichkeit der

Anerkennung zerstören. Das Anliegen von *Psyche der Macht* ist Letzteres.

H.B.: Vielleicht können wir dann noch einmal aufgreifen, was Sie mit Hinweis auf Spinoza und Hegel gesagt haben: Meint die Annahme einer »Entfremdung des Subjekts«, dass es jenseits diskursiver Selbsttechnologien des Subjekts, von denen Foucault ausgeht, etwas gibt, was das Subjekt ausmacht?

J.B.: Das hat Foucault in seinem Spätwerk selbst angenommen.

H.B.: Woher kommt das Begehren des Subjekts, im eigenen Sein zu beharren? Wenn das Subjekt auf der einen Seite nicht ohne Normen und ohne die Anerkennung durch andere existiert, eine Abhängigkeit, die das Subjekt auf sich zurückwendet (z.B. ist das Über-Ich der freudschen Theorie das Ergebnis der Installation einer sozialen Macht im Subjekt, das sich durch Akte der sozialen Anrufung bildet), wie kann es dann entfremdet sein und wovon ist es entfremdet?

J.B.: Das Begehren, im eigenen Sein zu verharren, ist eine spekulative Annahme, die nur im Rahmen der kulturellen und sozialen Bedeutung dieses Begehrens Sinn macht. Es geht darum, dass Normen sozialer Anerkennung eine lebbare Ontologie, eine lebbare Art des Seins reglementieren.

H.B.: Bedeutet Subjektivierung, wenn man sie so versteht, dann nicht das, was die Soziologie »Sozialisation« mit ihren Aspekten der Vergesellschaftung und der Individualisierung nennt?

J.B.: Nein, nicht ganz, weil die meisten Soziologen und Soziologinnen davon ausgehen, dass Sozialisation die Verinnerlichung von Normen voraussetzt. Sie nehmen an, dass das Subjekt schon konstituiert ist und dann erst dieses oder jenes Objekt internalisiert. Aber ich möchte vorschlagen, dass das Subjekt durch soziale Normen gebildet wird. Auf diese Weise bilden soziale Normen die Bedingung und Struktur des Subjekts, die Bedingung seines Erscheinens und die andauernde Form seines Widerstands.

H.B.: Könnten Sie diesen Aspekt, dass Normen eine performative Bedingung des Widerstands bilden, näher erklären?

J.B.: Dass jemand »als Mädchen« in die Welt hineingeboren wird, bedeutet nicht, dass jemand von Anfang an »mädchenhaft« ist und dann irgendwann aufhört, »mädchenhaft« zu werden. Man wird kontinuierlich zum Mädchen gemacht, auch wenn andere Anrufungen intervenieren und diese anfängliche Sache komplexer gestalten. Ich bin allgemein gegen die strukturalistische Annahme, dass man durch die Struktur einer Geschlechterdifferenz als Subjekt erscheint, die »von Anfang an« vorgegeben ist. Ich denke, dass Strukturen wieder eingesetzt werden müssen, um effektiv zu bleiben. In diesem Sinne arbeitet die Norm kontinuierlich und diskontinuierlich an und durch uns.

H.B.: Wenn Normen die primären Objektbeziehungen regeln und diese zu inneren Objekten werden, die das Subjekt letztlich ausmachen, resultiert dann das Begehren nicht daraus, diese Objekte und die Energien, mit denen sie besetzt werden, zu bewahren? Aber wenn das so ist, warum dann der Rekurs auf Spinoza und Hegel?

J.B.: Ich würde es genau umgekehrt sehen. Das Begehren, Objekte aufrechtzuerhalten und zu bewahren, die nun das Subjekt besitzen und ausmachen, wird von dem Begehren, im eigenen Sein zu beharren, untrennbar. Wenn das eigene »Sein« durch die Objekte konstituiert wird, die man geliebt und verloren hat, dann bedeutet den anderen zu bewahren sich selbst zu bewahren. Und den anderen zu verlieren heißt dann, dass das Selbst zerstört wird.

H.B.: Könnte man sagen, dass die Vorstellungen vom eigenen Leben aus der Abhängigkeit von anderen und der Anerkennung durch andere hervorgehen? Oder wird mein Bedürfnis, so zu sein, wie ich es mir vorstelle, dadurch eher zerstört?

J.B.: Auf der einen Seite nehme ich an, dass es ein Begehren zu sein gibt, und in diesem Sinne folge ich Spinoza. Aber ich folge Hegel, indem ich sage, dass »sein« bedeutet, anerkannt zu sein. In diesem Sinne impliziert »zu sein« »für andere« zu sein. Und letztlich möchte ich Freud folgen und sagen, dass der andere nicht nur außen, als derjenige, der mich möglicherweise anerkennt, existiert, sondern auch als Vermächtnis dessen existiert, der ich, aufgrund meiner vergangenen Bindungen und verlorenen Beziehungen bin, sodass das, was ich »bin«, die Geschichte meiner Liebesbeziehungen und Verluste beinhaltet. Hinzu kommt (und dies ist die foucaultsche Revision von Hegel), dass der andere, der mich anerkennt, dies nur durch eine Reihe von sozialen und historischen Normen hindurch tut. Diese Normen sind variabel und bis zu einem gewissen Grad bestimmen sie, wer ein anerkennenswerter Mensch ist und wer nicht, ein betrauerbarer Mensch, ein begehrenswerter Mensch. Ohne die entsprechenden Normen, mit denen man Anerkennung als Mensch ebenso wie Liebe und Begehren erwarten kann, kann man aufhören, lieben zu wollen. In diesem Sinne kann das Begehren zu sein nicht vorausgesetzt werden. Es ist abhängig davon, in einer Welt zu leben, die dem eigenen Begehren Raum gibt. Dieser letzte Aspekt hängt ganz offensichtlich mit meinen Vorstellungen von Geschlechterpolitik zusammen.

H.B.: Woher weiß das Subjekt, wer oder was es ist? Rührt dieses Wissen aus den primären, diskursiv geregelten und normativ regulierten Beziehungen?

J.B.: Das Subjekt kennt sich selbst dadurch, dass es auf eine bestimmte Weise geformt/formiert wird, und Normen helfen, das Subjekt zu form(ier)en, aber sie formen das Subjekt nicht einseitig und auch nicht erschöpfend. Das Subjekt ist durch seine

Reflexivität gekennzeichnet, seine Fähigkeit, sich selbst – die Art seiner Hervorbringung und Bildung selbst – zum Gegenstand zu machen. In dem Augenblick, in dem seine Reflexivität entsteht, bildet das Subjekt selbst eine ganz spezifische Form von Macht.

H.B.: In einem Interview in der *Deutschen Zeitschrift für Philosophie* (DZPhil) heben Sie die Bedeutung Hegels für Ihr Denken hervor. Vor allem erwähnen Sie die Beziehung von Begehren und Anerkennung. Wie würden Sie die Faszination beschreiben, die die hegelsche Theorie auf Sie ausübt?

J.B.: Ich fand dort eine Theorie der Selbsttransformation des Subjekts, die nicht davon ausgeht, dass das »Selbst« vorgegeben ist. Es ist das Vertrauen in eine Theorie der Anerkennung, die alle »Selbste« zu sozialen Subjekten macht, ein Bezug auf Geschichte, der vorschlägt, dass eine andere Zukunft möglich sein könnte.

H.B.: In dem genannten Interview (DZPhil) sprechen Sie über etwas, einen Teil des Subjekts, der nicht vollständig von Normen reguliert werden kann und der die Möglichkeit des Widerstands eröffnet. Und Sie sagen, dass dessen Beschreibung schwierig ist. Könnten Sie trotzdem versuchen, dies etwas konkreter zu erklären?

J.B.: Ich frage mich, ob es nicht eine Beziehung zum Leben oder eine bestimmte Version des Begehrens zu leben ist.

H.B.: Also ist dieses »Etwas«, das das Subjekt nicht vollständig den Normen unterwirft, so eine Art Lebenswille? Aber ist es nicht dennoch ein Effekt von Diskursen und Normen, die das Subjekt konstituieren? Meine Lesart wäre, dass das Subjekt, sobald es konstituiert ist, oder besser, im Prozess seiner Konstitution, das überschreitet, was das Subjekt erst hervorbringt, es ist mehr als seine konstitutiven Bedingungen. (Und dies ist übrigens der Grund für die Performativität der Normen.) Dieses

»Mehr« ist der unvorhersehbare Effekt von Diskursen, einer der Gründe für die Differenz von Macht und Subjekt. Würden Sie dem zustimmen?

J.B.: Ja, ich würde nur hinzufügen, dass ich nicht sicher bin, ob die Nicht-Determiniertheit der Machteffekte die einzige Bedingung subjektiven Handelns ist, aber es ist sicherlich eine.

H.B.: Wie kann man die materialisierenden Wirkungen von Normen aufheben? Wenn es jenseits des Sagbaren etwas gibt, was in der Beziehung zu anderen und zu sich selbst nicht gesagt werden und nicht auf die Ordnung des Diskurses reduziert werden kann, wie kann es Akte der Resignifikation geben, um es auszudrücken?

J.B.: Ich denke, man kann so sprechen, dass das Schweigen ausgedrückt werden kann.

H.B.: Greift eine rhetorische Strategie hier nicht zu kurz, wenn Materialisierung schon den Status eines Körpers angenommen hat, der einem sozialen Sein unterliegt?

J.B.: Materialisierung ist entscheidend, aber der Körper ist nicht einfach ein Set von sedimentierten Sprechakten. Der Körper besteht nicht aus Sprechakten und er wird nicht durch sie hervorgerufen. Ich hoffe, dass das in *Körper von Gewicht* deutlich wurde. Ich denke, dass Normen sich durch den Körper materialisieren, aber Normen sind nicht ganz dasselbe wie Sprechakte. Und ich glaube nicht, dass Normen alles sind, was den Körper ausmacht. Tatsächlich, würde ich sagen, wirken Normen auf den Körper ein und informieren, strukturieren und modellieren ihn oder geben seiner Form Bedeutung. Aber der Körper ist in gewissem Sinne auch da, um sich zu verhalten, um interpretiert zu werden, und da gibt es Widerstand und Materialität, die nicht vollständig durch Normen materialisiert wurde. Wenn Menschen mich fragen, mit welchen Strategien hegemonialen Normen begegnet werden kann, vergessen sie m.E. manchmal, dass der Punkt nicht einfach ist, neue Geschlechter zu produzieren, sondern eher, eine lebbarere Welt für die Geschlechter zu gestalten, die es schon gibt, insbesondere für diejenigen, die durch ihre Nichtkonformität mit Geschlechteridealen lange Zeit gelitten haben. Dies ist Teil eines Essays, den ich vor einiger Zeit geschrieben habe:

»Ich würde sagen, dass es nicht nur eine Frage ist, eine neue Zukunft für Geschlechter herzustellen, die es noch nicht gibt. Die Geschlechter, die ich im Sinn habe, gibt es schon lange Zeit, aber sie wurden in den Begriffen, die die Realität bestimmen, nicht zugelassen. So ist es eine Frage, innerhalb des Gesetzes, innerhalb der Psychiatrie, innerhalb der sozialen und literarischen Theorie, ein neues, die Komplexität der Geschlechter, die wir schon immer gelebt haben, begründendes Lexikon zu entwickeln. Weil die Normen, die die Wirklichkeit regieren, jene nicht als reale zugelassen haben, nennen wir sie notwendigerweise neue Geschlechter. Aber ich hoffe wenigstens, dass wir wissend lachen werden, wenn und falls wir dies tun. Wenn jemand meint, dass eine solche Theorie reiner Luxus ist, dann sollte er bedenken, dass der notwendige Hintergrund des Unbehagens der Geschlechter / der Geschlechterverwirrung eine Frage des Überlebens ist. Es geht um die Frage, wie eine Welt zu schaffen ist, in der diejenigen, die ihr Geschlecht und ihr Begehren als von der Norm abweichend verstehen, ohne die Bedrohung durch Gewalt von außen leben und sich erfolgreich entwickeln können. Und dies, ohne das andauernde Gefühl ihrer eigenen Unwirklichkeit zu haben, das zu Selbstmord führen kann und geführt hat, sowohl einem selbstmörderischen Leben als auch Selbstmord in einem ganz wörtlichen Sinne. Zuletzt würde ich fragen, welchen Platz das Denken des Möglichen innerhalb der politischen Theorie hat. Man kann einwenden: ›Ah, aber du versuchst nur, die Geschlechterkomplexität möglich zu machen, doch das sagt uns nicht, welche Formen gut oder schlecht sind – es liefert nicht das Maß, die Norm.‹ Und das stimmt. Es liefert nicht das Maß. Aber es gibt hier einen normativen Anspruch, und er hat zu tun mit der Fähigkeit, zu leben, zu atmen und sich zu bewegen, und das würde ohne Zweifel zu einer Philosophie der Freiheit gehören. Der Gedanke eines möglichen Lebens ist nur für diejenigen Luxus, die sich selbst schon als möglich wissen. Für diejenigen, die immer noch auf diese Möglichkeit warten, ist diese Möglichkeit eine Notwendigkeit.«

H.B.: Worin besteht demnach die wichtigste politische Wirkung Ihrer Theorie?

J.B.: Es besteht eine politische Wirkung auf den Feminismus, auf die Geschlechtertheorie, auf die »Queer«-Theorie, auf Theorien der Diskriminierung, auf Aktivitäten, die von einer Theorie des Handelns und der Ermächtigung abhängig sind.

H.B.: Ich finde es faszinierend, wie Sie im Durchgang durch die verschiedenen Theorien soziologische Einsichten in die Entwicklung des Subjekts formulieren. In Ihrem Interview mit der *Deutschen Zeitschrift für Philosophie* betonen Sie, dass es Ihnen in *Psyche der Macht* vor allem um die »alte« Frage geht, warum Menschen an Bindungen festhalten, obwohl diese sie in ihrem Begehren zu leben bedrohen. Und Ihre Perspektive lautet, dass Psychotherapien durch soziale Kategorien und durch normative Lebensbedingungen begrenzt sind. Bildet die kritische Analyse von Lebensbedingungen, von Bedingungen der Anerkennung als Mensch, den entscheidenden Ansatzpunkt Ihrer politischen Theorie? Und welche praktischen, politischen Strategien führen da heraus?

J.B.: Ich denke, dass es auf der einen Seite eine Ausweitung von Normen für Lebensweisen geben muss, die als nicht lebbar erachtet wurden. Auf der anderen Seite meine ich, dass diese

Erweiterung nicht einfach eine Frage der Anpassung sein kann und dass wir kritisch sein müssen gegenüber der Veränderung dieser Normen. Beides kommt ins Spiel, zum Beispiel in der »Queer«-Politik, in der Politik der Verwandtschaft von Homosexuellen, in der Politik von Transsexuellen.

H.B.: Wie würden Sie die Rolle der politisch engagierten Intellektuellen beschreiben?

J.B.: Dies ist eine entscheidende Rolle. Dabei ist es wichtig zu verstehen, dass Intellektuelle sich wesentlichen aktuellen Tagesgeschäften zuwenden können und dies auch tun. Aber sie haben eine weiter gehende kritische Funktion. Diese besteht nicht einfach darin, vorhandene politische Praktiken zu kritisieren, sondern darin, zu zeigen, wie Debatten vor einem bestimmten Hintergrund von Vorannahmen stattfinden. Mit anderen Worten, wie ist z.B. das Feld des Geschlechts umschrieben und entgrenzt, sodass bestimmte Diskussionen möglich werden und andere ausgeschlossen sind? Es ist wichtig für die Theorie, sich eine Begrifflichkeit für Lebensweisen vorzustellen, die nicht so leicht reglementiert werden können, das Nichtkategorisierbare zu riskieren und ein Durchdenken der bestehenden Kategorien im Lichte dieser Herausforderung zu erzwingen.

Das Interview wurde von Hannelore Bublitz übersetzt.

Anmerkungen

1 Michel Foucault, Dispositive der Macht, Frankfurt/M. 1978, S. 54.

2 Der Körper, bislang der Natur zugeordnet, unterliegt demnach nicht nur der Überwachung und Kontrolle durch Disziplinartechnologien, sondern er wird bereits in seiner anatomischen Beschaffenheit machtförmigen Vorgängen unterworfen, die ihn einer künstlichen Norm entsprechend formen und modellieren. Es ist diese These Butlers, dass bereits der biologische Körper diskursiv entsteht, also mithilfe kultureller Machtpraktiken ver- und entschlüsselt wird, die so viel Aufsehen erregt und kontroverse Debatten ausgelöst hat.

3 Für Aristoteles bedeutet die Seele die Aktualisierung von Materie. Foucault geht davon aus, dass die Seele Macht über den Körper ausübt und zum »Gefängnis des Körpers« (Michel Foucault) wird. Die Seele verschafft dem Körper demnach erst eine Existenz. Diese psychische Operation ist für Foucault eine Machtoperation. (Vgl. dazu: Michel Foucault, Überwachen und Strafen. Die Geburt des Gefängnisses, Frankfurt/M. 1976, S. 42)

4 Butler meint mit »Materialisierung«, im Gegensatz zur »Verkörperung«, »Einverleibung« oder »Inkorporierung« sozialer Strukturen und Normen, dass die stofflich-materielle Wirklichkeit – des Körpers – selbst sprachlich-diskursiv erst erzeugt wird und keineswegs lediglich auf der Oberfläche der Einschreibungen und Erscheinungsformen Produkt von Kategorisierungen und Konstruktionsweisen ist.

5 Gernot Böhme / Hartmut Böhme, Das Andere der Vernunft. Zur Entstehung von Rationalitätsstrukturen am Beispiel Kants, Frankfurt/M. 1983.

6 Volker Rittner, Handlung, Lebenswelt und Subjektivierung, in: Dietmar Kamper / Volker Rittner (Hg.), Zur Geschichte des Körpers, München/Wien 1976, S. 13-66.

7 Philipp Sarasin, Mapping the body. Körpergeschichte zwischen Konstruktivismus, Politik und »Erfahrung«, in: Historische Anthropologie, 7. Jg., Heft 3, 1999, S. 437-451.

8 Elias' Zivilisationsgeschichte kann insofern, wie Sarasin zu Recht her-
vorhebt, als Körpergeschichte gelesen werden, die mit den Formen
der Affektbeherrschung den Körper als Kultur- und Sozialkörper
erst hervorbringt; vgl. Philipp Sarasin, Mapping the body, a.a.O. Vgl.
dazu auch: Claudia Honnegger, Die Ordnung der Geschlechter. Die
Wissenschaften vom Menschen und das Weib, 1750-1850, Frank-
furt/M. 1991.

9 Das Sehen und das Sprechen werden im Laufe des 19. Jahrhunderts,
vermittelt über analytische Geständnispraktiken und experimentelle
Wahrnehmungsapparaturen, zu anerkannten Kontrollstrategien des
Körpers, die ihn nicht nur mess- und kalkulierbar machen, sondern
ihn, auf biochemische Prozesse sowie psychische Wahrnehmungssys-
teme reduziert, einer Normierung unterwerfen. Stehen am einen
Ende dieser Entwicklung psycho-physiologische Experimente, so am
anderen Ende die freudsche Psychoanalyse mit ihrer »Entzifferung
der hysterischen Symptome, die dem Körper eine Sprache auf-
drücken« und am Körper zunehmend Spuren vergangener Erfahrungen »ablesen« (Marie-Luise Angerer, body options. körper.spuren.
medien.bilder, 2., überarb. Aufl., Wien 2000, S. 58 f.). Vgl. zur natur-
wissenschaftlich-experimentellen »Objektivierung« des Körpers auch:
Werner Kutschmann, Der Naturwissenschaftler und sein Körper. Die
Rolle der »inneren« Natur in der experimentellen Naturwissenschaft
der frühen Neuzeit, Frankfurt/M. 1986.

10 Vgl. dazu: Michel Foucault, Der Wille zum Wissen. Sexualität und
Wahrheit, Bd. 1, Frankfurt/M. 1977; ders., In Verteidigung der Gesellschaft. Vorlesungen am Collège de France (1975-76), Frankfurt/M.
1999. Vgl. zur »Biologisierung von Mensch und Gesellschaft« im 19.
und 20. Jahrhundert auch: Hannelore Bublitz/Christine Hanke/An-
drea Seier, Der Gesellschaftskörper. Zur Neuordnung von Kultur
und Geschlecht um 1900, Frankfurt/M. 2000.

11 Michel Foucault, Überwachen und Strafen, a.a.O., S. 36 f. Vgl. ders.,
Der Wille zum Wissen, a.a.O., S. 166.

12 Ders., In Verteidigung der Gesellschaft. Vorlesungen am Collège de
France (1975-76), Frankfurt/M. 1999, S. 45.

13 Vgl. dazu auch: Marcel Mauss, Soziologie und Anthropologie, Bd. 1
und 2, Frankfurt/M. 1989.

14 Michel Foucault, In Verteidigung der Gesellschaft, a.a.O., S. 43 f.

15 Vgl. zum gesamten Zusammenhang der Bedeutung des Körperdiskurses für die Konstitution von Gesellschaft wiederum: Hannelore Bublitz/Christine Hanke/Andrea Seier, Der Gesellschaftskörper, a.a.O.

16 Damit rekurriert Butler sprachphilosophisch wieder auf die konstruktivistische Perspektive: Der Körper wird als den Zeichen oder Bezeichnungen vorausgesetzter Körper *gesetzt* oder *bezeichnet*. Die Bezeichnung bringt den natürlichen Körper als Effekt ihres eigenen Verfahrens erst hervor. Darin besteht für Butler die Performativität von Sprache: Sie produziert den natürlichen Körper durch wiederholte Bezeichnungsakte.

17 Zum chronologischen Aufriss und zur Auseinandersetzung mit der paradoxalen Subjekttheorie Butlers vgl. auch: Christine Hauskeller, Das paradoxe Subjekt. Unterwerfung und Widerstand bei Judith Butler und Michel Foucault, Tübingen 2000, insbesondere S. 55 f. Christine Hauskeller kritisiert Butler vom Standpunkt einer Theorie, die das Subjekt, als Garant von Widerständigkeit und Freiheit, gegen die Macht in Anschlag bringt. Macht wird als Gegensatz zu subjektiver Freiheit gedacht. Damit aber verliert die machttheoretische Begründung des Subjekts, wie sie bei Foucault und Butler in ihrer paradoxen Doppelstruktur von Subjektentwurf und Unterwerfung gedacht wird, ihre entscheidende Pointe. Das butlersche Subjekt erscheint bei Hauskeller, aufgrund des vorausgesetzten Gegensatzes von Macht und Widerstand, hermetisch in die Macht eingeschlossen.

18 Vgl. Christine Hauskeller, Das paradoxe Subjekt, a.a.O.; vgl. dazu auch: Isabel Lorey, Der Körper als Text und das aktuelle Selbst. Butler und Foucault, in: Feministische Studien, 11. Jg., Heft 2, 1993, S. 10-23; dies., Immer Ärger mit dem Subjekt. Theoretische Konsequenzen eines juridischen Machtmodells: Judith Butler, Tübingen 1996.

19 Damit schließt sie wieder an ihre erste Arbeit zur Subjektproblematik, *Subjects of Desire*, an, führt sie aber, über die Herr-Knecht-Beziehung und deren subjektkonstituierende Bedeutung hinaus, weiter zur Frage der Wendung der Diskurse und der Macht im Subjekt gegen sich und seinen Körper. Dabei wird in der Auseinandersetzung mit Hegel (und im Verweis auf Freud) die foucaultsche Position deutlich, die davon ausgeht, dass der Körper und sein Begehren auch in der Unterdrückung und Negation wie auch in der Neurose immer wieder von neuem hervorgebracht werden. Auch das asketische Bewusst-

sein entwirft demnach den begehrenden Körper immer wieder neu. Macht deutet sich hier also bereits als jene produktive Kraft an, die, auch in der Negation, anreizt, was sie unterdrücken will.

20 Diese Matrix ist keineswegs im Sinne eines kulturellen Überbaus oder einer symbolischen Totalität der Gesellschaft zu verstehen. Sie bildet vielmehr eine historisch kontingente Ordnung der Dinge, die, wie Butler sich ausdrückt, die »Szenographie und Topographie der Konstruktion« der Materie des Körpers »orchestriert« (KvG: 52). Ihr wohnt als Wissensordnung der Wille zur Macht inne. Sie ist insofern kontingent, also zufällig, als sie auch anders denkbar wäre, dieses Anderssein aber aus Gründen der Machtsicherung ausblendet oder es durch Anpassung an die Norm in diese integriert. Auf die Kontingenz dieser Ordnung hat Foucault in seiner Abhandlung *Die Ordnung der Dinge* (Frankfurt/M. 1971, S. 17 f.) am Beispiel der chinesischen Enzyklopädie von Borges hingewiesen.

21 Mit dieser Formulierung wird der »Verkörperung« des Diskursiven auf besondere Weise Rechnung getragen: Foucaults archäologisches Verfahren behandelt Diskurse nicht als historisches Dokument, sondern als »Monument« und setzt sich gegen die ideen- und begriffsgeschichtliche Vorgehensweise ab, die Diskurse als »Zeichen für etwas anderes« und historische Quellen als Mitteilungen von Ereignissen, die außerhalb des Diskurses liegen, behandelt. Während die dokumentarische Geschichtsschreibung also eine vor- oder außerdiskursive Realität voraussetzt, welcher der Diskurs untergeordnet ist und deren Wahrheit er letztlich ausdrücken soll, Diskurse lediglich als Dokumente für eine ihnen zugrunde liegende Geschichte erscheinen, deren tiefere Bedeutung sich hermeneutisch erschließen soll, wird das diskursive Ereignis ernst genommen, wenn es als Monument behandelt wird. Hier geht es um die Eigenlogik von Diskursen, die, als Monumente, in ihrer eigenen Materialität zu analysieren sind. Vgl. dazu: Michel Foucault, Archäologie des Wissens, Frankfurt/M. 1973, bes. S. 193 f.

22 Vgl. ausführlich dazu: Hannelore Bublitz, Differenz und Integration. Zur diskursanalytischen Rekonstruktion der Regelstrukturen sozialer Wirklichkeit, in: Reiner Keller u.a. (Hg.), Handbuch Sozialwissenschaftliche Diskursanalyse, Bd. 1: Theorien und Methoden, Opladen 2001, S. 225-260.

23 Georg Wilhelm Friedrich Hegel, Phänomenologie des Geistes, Frankfurt/M. 1975, S. 195.

24 Vgl. François Dosse, Geschichte des Strukturalismus, Bd. 1, Hamburg 1996, S. 490.

25 Siegfried Jäger, Kritische Diskursanalyse. Eine Einführung, 2., überarb. und erw. Aufl., Duisburg 1999, S. 129.

26 Jürgen Habermas, Der philosophische Diskurs der Moderne, Frankfurt/M. 1983, S. 300.

27 Axel Honneth, Kritik der Macht. Reflexionsstufen einer kritischen Gesellschaftstheorie, Frankfurt/M. 1985, S. 142.

28 Vgl. Paula Villa, Sexy Bodies. Eine soziologische Reise durch den Geschlechtskörper, Opladen 2000, S. 129.

29 Vgl. Manfred Frank, Was ist Neostrukturalismus?, Frankfurt/M. 1983, S. 143.

30 Diese Machtkämpfe sind Gegenstand der genealogischen Rekonstruktion diskursiver Praktiken. Die Untersuchung ihrer Machtwirkungen ist Gegenstand der Genealogie. Sie zeigt, wie sich Wissen innerhalb von Macht- und Wahrheitspraktiken konstituiert, sich durchsetzt und Machtwirkungen ausübt. Wissen und Wahrheit sind an Machtwirkungen gebunden; sie erscheinen als eine Dimension und Wirkmöglichkeit von Macht. Es geht der Genealogie also nicht nur darum, »unter welchen Bedingungen etwas zum Objekt eines möglichen Wissens werden kann« (Michel Foucault, Was ist Kritik?, Berlin 1992, S. 53), nach welchen Verfahrensregeln dies erfolgt und welches seine Wahrheitseffekte sind, sondern auch um die »Wiederentdeckung der Kämpfe«, die sowohl für das »Wissen der Gelehrsamkeit« als auch für die »unterworfenen Wissensarten«, für historische Inhalte, die verschüttet wurden und in formalen Systematisierungen untergingen, für Wissensarten, die als nicht sachgerecht oder als unzureichend disqualifiziert wurden, »naive, am unteren Ende der Hierarchie, unterhalb des erforderlichen Wissens- oder Wissenschaftlichkeitsniveaus rangierende Wissensarten« (ders., Historisches Wissen der Kämpfe um Macht, in: ders., Dispositive der Macht, a.a.O., S. 60) gelten. Vgl. dazu auch: Hannelore Bublitz, Archäologie und Genealogie, in: Marcus S. Kleiner (Hg.), Michel Foucault. Eine Einführung in sein Denken, Frankfurt/M. 2001, S. 3 f.

31 Vgl. Louis Althusser, Ideologische Staatsapparate, Frankfurt/M. 1976.

32 »Hate speech« meint zunächst diskriminierende und verletzende Rede. In ihrem Buch *Haß spricht* entwickelt Butler, wie der Untertitel des Buches andeutet, eine Theorie der *Politik des Performativen*, der performativen Kraft der Sprache. Dabei rekurriert sie auf ein Sprachmodell, in dem durch den Sprechakt selbst eine Beziehung zwischen Sprechendem und Angerufenem dergestalt hergestellt wird, dass das Subjekt als die Person, die angerufen wird, sich erst durch die sprachliche Anrufung formiert. Hier verweist Butler gleichzeitig auf die Möglichkeit, diskursive Konstitutions- und Unterwerfungsmechanismen durch Anders-Sprechen zu unterlaufen. Vgl. dazu besonders das Kapitel zur politischen Theorie Butlers.

33 Michel Foucault, Archäologie des Wissens, a.a.O., S. 74.

34 Vgl. Hannelore Bublitz, Differenz und Integration, a.a.O., S. 220.

35 Zur Konstitution der Gesellschaft als (Natur-)Körper vgl. wiederum: Hannelore Bublitz/Christine Hanke/Andrea Seier, Der Gesellschaftskörper, a.a.O.

36 An die Stelle der historischen Analyse tritt bei Butler allerdings die sprachtheoretische und begriffslogische Analyse. Der diskursiv-technologisch, als historisches Kulturprojekt entworfene und produzierte Körper fehlt bei Butler. Stattdessen handelt es sich um die ahistorische, rein sprach- und begriffslogische Analyse von Kategorien.

37 François Dosse, Geschichte des Strukturalismus, Bd. 1, a.a.O., S. 490.

38 Vgl. insbesondere die Beiträge von Christine Hanke und Hannelore Bublitz in: Hannelore Bublitz/Christine Hanke/Andrea Seier, Der Gesellschaftskörper, a.a.O.

39 Foucault macht in seinen Vorlesungen, die er 1976 in Paris hält, auf das Erscheinen eines neuen Machtmechanismus moderner Gesellschaften aufmerksam, der sich auf den Körper und das, was er tut, richtet; vgl. Michel Foucault, In Verteidigung der Gesellschaft, a.a.O.

40 Vgl. Jacques Derrida, Politik der Freundschaft, Frankfurt/M. 2000, S. 136 und 363 f.

41 Vgl. dazu auch: Hannelore Bublitz, Geschlecht als historisch singuläres Ereignis. Foucaults poststrukturalistischer Beitrag zu einer Gesellschafts-Theorie der Geschlechterverhältnisse, in: Gudrun-Axeli Knapp/Angelika Wetterer (Hg.), Soziale Verortung der Geschlechter. Gesellschaftstheorie und feministische Kritik, Münster 2001, S. 256-287.

42 Diese Frage wird von Butler, obwohl sie ausdrücklich an die wissenschaftshistorischen Untersuchungen Michel Foucaults anknüpft, gerade nicht durch Bezug auf historische Konfigurationen von Macht und Wissen beantwortet. Ihre Analyse bewegt sich vielmehr im »geschichts- und empiriefreien Raum metatheoretischer Reflexion« (Regina Becker-Schmidt/Gudrun-Axeli Knapp, Feministische Theorien zur Einführung, Hamburg 2000, S. 84). Dafür zahlt Butler einen hohen Preis: Sie kann die historische Herkunft der Geschlechterdifferenz gerade nicht erklären.

43 Vgl. Hannelore Bublitz, Wahr-Zeichen des Geschlechts. Das Geschlecht als Ort diskursiver Technologien, in: Andreas Lösch u.a. (Hg.), Technologien als Diskurse, Heidelberg 2001, S. 167-183.

44 Die heterosexuelle Matrix bezeichnet einen Machtkomplex, in dem die kulturelle Norm der Heterosexualität mit Ausschlusscharakter die Grundlage der Konstitution von Geschlecht bildet.

45 Vgl. dazu: Wolfgang Schäffner, Transformationen. Schreber und die Geschlechterpolitik um 1900, in: Elfi Bettinger/Julika Funk (Hg.), Maskeraden. Geschlechterdifferenz in der literarischen Inszenierung, Berlin 1995, S. 274.

46 Vgl. dazu ausführlich: Michel Foucault, Der Wille zum Wissen, a.a.O.; ders., Einleitung, in: Wolfgang Schäffner/Joseph Vogl (Hg.), Über Hermaphrodismus. Der Fall Barbin, Frankfurt/M. 1998, S. 7-18; Claudia Honegger, Die Ordnung der Geschlechter, a.a.O.; Wolfgang Schäffner, Transformationen, a.a.O., S. 273-291; Georg Breidenstein, Geschlechtsunterschied und Sexualtrieb im Diskurs der Kastration Anfang des 20. Jahrhunderts, in: Christiane Eifert u.a. (Hg.), Was sind Frauen? Was sind Männer? Geschlechterkonstruktionen im historischen Wandel, Frankfurt/M. 1996, S. 216-239; vgl. dazu auch: Hannelore Bublitz, Geschlecht als historisch singuläres Ereignis, a.a.O.; dies., Wahr-Zeichen des Geschlechts, a.a.O.

47 Wolfgang Schäffner, Transformationen, a.a.O., S. 274.

48 Ebenda.

49 Vgl. ebenda, S. 281 f.; vgl. auch Georg Breidenstein, Geschlechtsunterschied und Sexualtrieb, a.a.O.

50 Wolfgang Schäffner, Transformationen, a.a.O., S. 275.

51 Ebenda, S. 274.

52 Ebenda, S. 280.

53 Georg Breidenstein, Geschlechtsunterschied und Sexualtrieb, a.a.O., S. 224.

54 Wolfgang Schäffner, Transformationen, a.a.O., S. 275.

55 Vgl. dazu: Wolfgang Schäffner/Georg Breidenstein, Nachwort, in: Wolfgang Schäffner/Joseph Vogl (Hg.), Über Hermaphrodismus, a.a.O., S. 224 f.

56 Herculine wird bei seiner/ihrer Geburt ein weibliches Geschlecht zugewiesen. Er/Sie empfindet sein/ihr Geschlecht jedoch aufgrund seiner/ihrer sexuellen Neigungen eher als unbestimmt. Er/sie wird, aufgrund äußerer Geschlechtsmerkmale, gesetzlich gezwungen, eine Geschlechtsumwandlung vorzunehmen und sich für ein Geschlecht, nämlich ein männliches Geschlecht, zu entscheiden. Diese »Zwangsmaterialisierung« seines/ihres Geschlechts führt schließlich zu seinem/ihrem Selbstmord. Die Bestimmung von Herculine Barbins »wahrem« Geschlecht dient Foucault dazu, den Zusammenhang von Geschlecht und »Wahrheit« im Kontext der Sexualwissenschaften und der Psychoanalyse näher zu beleuchten; vgl. Michel Foucault, Einleitung, a.a.O.

57 Butler verweist an dieser Stelle auf eine Studie Anne Fausto-Sterlings, die darauf aufmerksam macht, dass die untersuchten Personen anatomisch und in Bezug auf ihre Reproduktionsfunktion keineswegs eindeutig waren: »Die vier untersuchten XX-Männchen waren alle steril (keine Spermaproduktion), hatten kleine Testes, bei denen die Keimzellen, d.h. die Vorläuferzellen für die Spermien, völlig fehlten. Alle wiesen [...] einen niedrigen Testosteronspiegel auf. Wahrscheinlich wurden sie wegen ihrer äußeren Geschlechtsteile und dem Vorhandensein der Testes als männlich klassifiziert [...]. Analog [...] waren bei den XY weiblichen Versuchspersonen die beiden äußeren Geschlechtsteile normal, während ihre Ovarien keine Keimzellen besaßen.« (UG: 161)

58 Vgl. dazu ausführlich: Jörg Rheinberger, Von der Zelle zum Gen. Repräsentationen der Molekularbiologie, in: ders. u.a. (Hg.), Räume des Wissens, Berlin 1997, S. 265-279.

59 Vgl. Lily E. Kay, Who Wrote the Book of Life? A History of the Genetic Code, Stanford 2000.

60 Die Entscheidung, ein anatomisch zweideutiges XX-Individuum als männliches zu definieren, verweist, so Butler, auf einen vorgängigen

kulturellen Diskurs, der die Diskontinuitäten und die Vielzahl von ineinander greifenden Elementen, Funktionen und Dimensionen in einen binären Rahmen einschließt.

61 Michel Foucault, Der Wille zum Wissen, a.a.O., S. 180 f.

62 Ebenda, S. 92.

63 Foucault benutzt den Begriff der Normalisierung zur Bezeichnung der flexiblen Entstehung der Norm, die, anders als die Disziplinarmacht, nicht über den Ausschluss und die Anpassung der Abweichung an die Norm funktioniert, sondern durch Bildung eines Normalitätsfeldes aus dem Gebiet der Abweichungen. Vgl. Michel Foucault, Leben machen und sterben lassen, in: Lettre International, Heft 20, Berlin 1993, S. 62-67.

64 Michel Foucault, Dispositive, a.a.O., S. 120.

65 Regina Becker-Schmidt/Gudrun-Axeli Knapp, Feministische Theorien zur Einführung, a.a.O., S. 91.

66 Vgl. dazu ausführlich: Regine Gildemeister/Angelika Wetterer, Wie Geschlechter gemacht werden. Die soziale Konstruktion der Zweigeschlechtlichkeit und ihre Reifizierung in der Frauenforschung, in: Gudrun-Axeli Knapp/Angelika Wetterer (Hg.), Traditionen. Brüche. Entwicklungen feministischer Theorie, Freiburg 1992, S. 201-250.

67 Hier bezieht Butler sich zum einen auf Foucaults genealogische Kritik der Sexualität im ersten Band von *Sexualität und Wahrheit*, die, wie sie annimmt, im Gegensatz steht zu seinen Ausführungen in der Einleitung zu den Tagebüchern von Herculine Barbin, einem Hermaphroditen des 19. Jahrhunderts, wo Foucault, so Butlers Lesart, von einer vordiskursiven, libidinösen Mannigfaltigkeit »vor dem Gesetz« ausgeht, die dem binären Heterosexualitätsgesetz entgegensteht.

68 Diese Romantisierung des Körpers und der Lüste deutet sich allerdings schon am Ende des ersten Bands von *Sexualität und Wahrheit* an, wo Foucault auf die Körper und die Lüste »in ihrer Vielfältigkeit und Widerstandsfähigkeit« als »Stützpunkt des Gegenangriffs« (Michel Foucault, Der Wille zum Wissen, a.a.O., S. 187 f.) gegen die Macht (des Sexualitätsdispositivs) setzt.

69 Christine Hauskeller, Das paradoxe Subjekt, a.a.O., S. 64.

70 Diese Kontroverse ist ausführlich dokumentiert in: Seyla Benhabib u.a., Der Streit um Differenz. Feminismus und Postmoderne der Gegenwart, Frankfurt/M. 1993. Sie ist in der deutschsprachigen Rezep-

tion der butlerschen Theorie im Kontext der Auseinandersetzung mit der Kategorie Geschlecht, der Kritik der butlerschen Körperkonzeption und einer fiktiv vereinheitlichten Position »der Postmoderne« weitergeführt worden. Vgl. dazu besonders die Beiträge von: Isabel Lorey, Der Körper als Text, a.a.O.; Barbara Duden, Die Frau ohne Unterleib. Zu Judith Butlers Entkörperung. Ein Zeitdokument, in: Feministische Studien. Kritik der Kategorie »Geschlecht«, 11. Jg., Heft 2, 1993, S. 24-33; Hilge Landweer, Kritik und Verteidigung der Kategorie Geschlecht, in: Feministische Studien, a.a.O., S. 34-43; Gesa Lindemann, Wider die Verdrängung des Leibes aus der Geschlechtskonstruktion, in: Feministische Studien, a.a.O., S. 44-54; Gudrun-Axeli Knapp (Hg.), Kurskorrekturen. Feminismus zwischen Kritischer Theorie und Postmoderne, Frankfurt/M. 1998.

71 In diesem Feld gibt es eine breit angelegte Auseinandersetzung, nicht zuletzt im Bereich medientheoretischer Körper- und Technikkonzeptionen, die sich nicht nur auf die Theorie Judith Butlers, sondern insbesondere auch auf die Donna Haraways bezieht; vgl. dazu beispielhaft: Carmen Gransee, Grenz-Bestimmungen. Erkenntniskritische Anmerkungen, in: Gudrun-Axeli Knapp (Hg.), Kurskorrekturen, a.a.O., S. 126-152; Kathrin Braun, Mensch, Tier, Schimäre: Grenzauflösungen durch Technologie, in: Gudrun-Axeli Knapp (Hg.), Kurskorrekturen, a.a.O., S. 153-177; vgl. auch: Barbara Becker, Cyborgs, Robots und »Transhumanisten«, in: dies./Irmela Schneider (Hg.), Was vom Körper übrig bleibt. Körperlichkeit – Identität – Medien, Frankfurt/M. 2000, S. 41-70.

72 Vgl. dazu vor allem: Pierre Bourdieu, Was heißt sprechen? Die Ökonomie des sprachlichen Tausches, Wien 1990.

73 Allerdings setzt auch Butler in ihrer politischen Theorie auf die Abweichung von der Norm als subversive Kraft, ohne die normalisierend-reglementierende Macht der Norm in Betracht zu ziehen, die die Abweichung in die Norm integriert.

74 Althusser geht, ähnlich wie Austin, davon aus, dass ein Subjekt erst durch – ritualisierte – Anrufung im Sinne einer bestimmten sozialen Identität hervorgebracht wird. Die Anrede eines Passanten durch einen Polizisten ruft jenen als Subjekt einer sozialen Ordnung – immer wieder – ins Leben. Dies geschieht, so Butler, aufgrund der »ritualisierten Wiederholung einer Konvention« (HS: 42).

75 Darin unterscheidet sich Althussers strukturalistische Theorie der Subjektkonstitution vom austinschen Modell performativer – illokutionärer und perlokutionärer – Sprechakte: »Nach Austin geht das sprechende Subjekt dem Sprechen voraus, während nach Althusser umgekehrt der Sprechakt dem Subjekt vorausgeht, das er zur sprachlichen Existenz bringt. Somit bildet anscheinend die ›Anrufung‹, die bei Althusser das Subjekt erst erzeugt, die Voraussetzung für jene im Subjekt zentrierten Sprechakte, die Austins Analysen bevölkern.« (HS: 41)

76 Vgl. Michel Foucault, Der Wille zum Wissen, a.a.O., S. 114; vgl. auch: ders., In Verteidigung der Gesellschaft, a.a.O.

77 Ders., Der Wille zum Wissen, a.a.O., S. 114.

78 Friedrich Nietzsche, Zur Genealogie der Moral, in: ders., Sämtliche Werke, Kritische Studienausgabe, Bd. 5, hg. von Giorgio Colli/Mazzino Montinari, 2. Aufl., München 1999, S. 74.

79 Vgl. Michel Foucault, Überwachen und Strafen, a.a.O.

80 Vgl. dazu: Michel Foucault, Leben machen und sterben lassen, a.a.O.; ders., Der Wille zum Wissen, a.a.O.; ders., In Verteidigung der Gesellschaft, a.a.O.; ders., Les Anormaux. Cours au Collège de France 1974-1975, Paris 1999.

81 Vgl. ebenda.

82 Jürgen Link, Versuch über den Normalismus. Wie Normalität produziert wird, Opladen 1997, S. 80.

83 Dabei bleibt die Frage, woher das Subjekt weiß, was oder wer es ist, ungeklärt. Wenn Diskurse in ihrer Performativität »das Sein« konstituieren, dann kann diese Frage auch nur auf der Ebene diskursiv hergestellter und kontrollierter Beziehungen zu anderen und zu sich selbst geklärt werden. Ein Ansatzpunkt wären demnach die frühkindlichen, primären Objektbeziehungen und das in ihnen verankerte »Beharren im eigenen Sein«

84 Dies gilt ungeachtet dessen, dass Foucault als »Technologien des Selbst« jene Prozesse fasst, »die es dem Einzelnen ermöglichen, aus eigener Kraft oder mit Hilfe anderer eine Reihe von Operationen an seinem Körper oder seiner Seele, seinem Denken, seinem Verhalten und seiner Existenzweise vorzunehmen, mit dem Ziel, sich so zu verändern, daß er einen gewissen Zustand des Glücks, der Reinheit, der Weisheit, der Vollkommenheit oder der Unsterblichkeit erlangt.«

(Michel Foucault, Technologien des Selbst, in: ders. u.a., Technologien des Selbst, Frankfurt/M. 1993, S. 26) Foucault bezieht sich hier auf die antiken Praktiken der »Sorge um sich selbst, die in der Moderne mit dem für sie fundamentalen Prinzip der Selbsterkenntnis des Subjekts einer Kontrollmentalität weichen, die den »Verzicht auf das eigene Selbst« paradoxerweise zum konstituierenden Merkmal der Herausbildung des Selbst macht, insofern diese einer normativ vorgegebenen Codierung folgt.

85 Michel Foucault, Das Subjekt und die Macht, in: Hubert L. Dreyfus/Paul Rabinow, Michel Foucault. Jenseits von Strukturalismus und Hermeneutik, Frankfurt/M. 1987, S. 246.
86 Ebenda, S. 243-246.
87 Ebenda, S. 246 f.
88 Ebenda, S. 246.
89 Vgl. ebenda, S. 250.
90 Vgl. stellvertretend für andere: Christine Hauskeller, Das paradoxe Subjekt, a.a.O.
91 Vgl. Barbara Duden, Die Frau ohne Unterleib, a.a.O.
92 Hilge Landweer, Kritik und Verteidigung, a.a.O., S. 41.
93 Vgl. ebenda, vgl. auch: Gesa Lindemann, Wider die Verdrängung des Leibes, a.a.O.; Barbara Duden, Die Frau ohne Unterleib, a.a.O.
94 Hilge Landweer, Kritik und Verteidigung, a.a.O., S. 41.
95 Vgl. dazu auch: Regina Becker-Schmidt/Gudrun-Axeli Knapp, Feministische Theorien zur Einführung, a.a.O., S. 91.

Literaturhinweise

1. Werke von Judith Butler

a) Im Text zitierte Bücher (alphabetisch nach Siglen)

AV   Antigones Verlangen: Verwandtschaft zwischen Leben und Tod, Frankfurt/M. 2001 (Politics and Kinship. Antigone for the Present, 2001).

DZPhil   Eine Welt, in der Antigone am Leben geblieben wäre. Interview mit Judith Butler, in: Deutsche Zeitschrift für Philosphie, 49. Jg., 4, S. 587-599, Berlin 2001.

FL   Für ein sorgfältiges Lesen, in: Benhabib, Seyla u.a. (Hg.), Der Streit um Differenz. Feminismus und Postmoderne in der Gegenwart, Frankfurt/M. 1993, S. 122-132.

HS   Haß spricht. Zur Politik des Performativen, Berlin 1998 (Excitable Speech. A Politics of the Performance, 1997).

KoG   Kontingente Grundlagen: Der Feminismus und die Frage der »Postmoderne«, in: Benhabib, Seyla u.a. (Hg.), Der Streit um Differenz. Feminismus und Postmoderne in der Gegenwart, Frankfurt/M. 1993, S. 31-58.

KvG   Körper von Gewicht. Die diskursiven Grenzen des Geschlechts, Berlin 1995 (Bodies that Matter, 1993).

PdM   Psyche der Macht. Das Subjekt der Unterwerfung, Frankfurt/M. 2001 (The Psychic Life of Power. Theories in Subjection, 1997).

SoD   Subjects of Desire. Hegelian Reflections in Twentieth Century France, Columbia University Press 1987, ergänzte Paperback-Ausgabe mit neuem Vorwort 1999.

SR   Schmährede, in: Vinken, Barbara (Hg.), Die nackte Wahrheit. Zur Pornographie und zur Rolle des Obszönen in der Gegenwart, München 1997, S. 92-113.

UG   Das Unbehagen der Geschlechter, Frankfurt/M. 1991 (Gender Trouble, 1990).

b) Weitere Arbeiten Butlers in Auswahl

Judith Butler/Joan W. Scott, Feminists Theorize the Political, New York 1992.

Judith Butler/Simon Critchley/Ernesto Laclau/Slavoj Zizek (Hg.), Das Undarstellbare der Politik: Zur Hegemonietheorie Ernesto Laclaus, Wien 1998.

Judith Butler/John Guillory/Kendall Thomas, What's Left of Theory? New Work on the State and Politics of Literary Theory, London 1999.

Judith Butler/Ernesto Laclau/Slavoj Zizek, Contingency, Hegemony, Universality: Contemporary Dialogues on the Left, London 2000.

Judith Butler, Critically Queer, in: Tripp, Anna (Hg.), Gender. Readers in Cultural Criticism, Hampshire/New York 2000.

Judith Butler/Paul Rabinow, Dialogue: Antigone, Speech, Performance, Power, in: Salamensky, S.I. (Hg.), Talk, Talk, Talk: The Cultural Life of Everyday Conversation, New York 2001.

Judith Butler, The End of Sexual Difference?, in: Bronfen, Elisabeth/Kavka, Misha (Hg.), Feminist Consequences: Theory for the New Century. Gender and Culture, New York 2001.

Judith Butler, How Can I Deny That These Hands and This Body Are Mine?, in: Cohen, Tom/Cohen, Barbara/Miller, J. Hillis/Warminski, Andrzej (Hg.), Material Events: Paul de Man and the Afterlife of Theory, Minneapolis 2001.

Judith Butler, Noch einmal Körper und Macht, in: Honneth, Axel/Saar, Martin (Hg.), Michel Foucault. Zwischenbilanz einer Rezeption. Frankfurter Foucault Konferenz 2001, Frankfurt/M. 2003, S. 52-67.

Salih, Sara, The Judith Butler Reader, Oxford 2001.

2. Sekundärliteratur zu Judith Butler

Becker-Schmidt, Regina/Knapp, Gudrun-Axeli, Feministische Theorien zur Einführung, Hamburg 2000.

Bublitz, Hannelore, Lektion Geschlecht, in: Korte, Hermann / Schäfers, Bernhard (Hg.), Einführung in Hauptbegriffe der Soziologie, 6., überarb. und verb. Aufl., Opladen 2001.

Dies., Diskurs, Bielefeld 2003.

Dies., Judith Butler, in: Gisela Riescher (Hg.), Politische Theorie der Gegenwart, Stuttgart 2004, S. 79-82.

Duden, Barbara, Die Frau ohne Unterleib. Zu Judith Butlers Entkörperung. Ein Zeitdokument, in: Feministische Studien. Kritik der Kategorie »Geschlecht«, 11. Jg., Heft 2, 1993, S. 24-33.

Gildemeister, Regine / Wetterer, Angelika, Wie Geschlechter gemacht werden. Die soziale Konstruktion der Zweigeschlechtlichkeit und ihre Reifizierung in der Frauenforschung, in: Gudrun-Axeli Knapp / Angelika Wetterer (Hg.), Traditionen. Brüche. Entwicklungen feministischer Theorie, Freiburg 1992, S. 201-250.

Hauskeller, Christine, Das paradoxe Subjekt. Unterwerfung und Widerstand bei Judith Butler und Michel Foucault, Tübingen 2000.

Knapp, Gudrun-Axeli (Hg.), Kurskorrekturen. Feminismus zwischen Kritischer Theorie und Postmoderne, Frankfurt/M. 1998.

Knapp, Gudrun-Axeli / Wetterer, Angelika (Hg.), Traditionen. Brüche. Entwicklungen feministischer Theorie, Freiburg 1992.

Dies. (Hg.), Soziale Verortung der Geschlechter. Gesellschaftstheorie und feministische Kritik, Münster 2001.

Landweer, Hilge, Kritik und Verteidigung der Kategorie Geschlecht, in: Feministische Studien. Kritik der Kategorie »Geschlecht«, 11. Jg., Heft 2, 1993, S. 34-43.

Lindemann, Gesa, Wider die Verdrängung des Leibes aus der Geschlechtskonstruktion, in: Feministische Studien. Kritik der Kategorie »Geschlecht«, 11. Jg., Heft 2, 1993, S. 44-54.

Lorey, Isabel, Der Körper als Text und das aktuelle Selbst. Butler und Foucault, in: Feministische Studien, 11. Jg., Heft 2, 1993, S. 10-23.

Dies., Immer Ärger mit dem Subjekt. Theoretische Konsequenzen eines juridischen Machtmodells: Judith Butler, Tübingen 1996.

Villa, Paula, Sexy Bodies. Eine soziologische Reise durch den Geschlechtskörper, Opladen 2000.

Dies., Judith Butler, Frankfurt/M. 2003.

3. Weitere, im Text zitierte Literatur

Althusser, Louis, Ideologische Staatsapparate, Frankfurt/M. 1976.

Balsamo, Anne, Technologies of the gendered body. Reading Cyborg Women, Durham / New York 1996.

Becker, Barbara / Schneider, Irmela (Hg.), Was vom Körper übrig bleibt. Körperlichkeit – Identität – Medien, Frankfurt/M. 2000.

Böhme, Gernot / Böhme, Hartmut, Das Andere der Vernunft. Zur Entstehung von Rationalitätsstrukturen am Beispiel Kants, Frankfurt/M. 1983.

Bourdieu, Pierre, Was heißt sprechen? Die Ökonomie des sprachlichen Tausches, Wien 1990.

Breidenstein, Georg, Geschlechtsunterschied und Sexualtrieb im Diskurs der Kastration Anfang des 20. Jahrhunderts, in: Eifert, Christiane u. a. (Hg.), Was sind Frauen? Was sind Männer? Geschlechterkonstruktionen im historischen Wandel, Frankfurt/M. 1996, S. 216-239.

Bublitz, Hannelore (Hg.), Das Geschlecht der Moderne. Genealogie und Archäologie der Geschlechterdifferenz, Frankfurt/M. 1998.

Dies., Foucaults Archäologie des kulturellen Unbewußten. Zum Wissensarchiv und Wissensbegehren moderner Gesellschaften, Frankfurt/M. 1999.

Dies., Geschlecht als historisch singuläres Ereignis. Foucaults poststrukturalistischer Beitrag zu einer Gesellschafts-Theorie der Geschlechterverhältnisse, in: Knapp, Gudrun-Axeli / Wetterer, Angelika (Hg.), Soziale Verortung der Geschlechter. Gesellschaftstheorie und feministische Kritik, Münster 2001, S. 256-287.

Dies., Differenz und Integration. Zur diskursanalytischen Rekonstruktion der Regelstrukturen sozialer Wirklichkeit, in: Keller, Reiner / Hirseland, Andreas / Schneider, Werner / Viehöver, Willy (Hg.), Handbuch Sozialwissenschaftliche Diskursanalyse, Bd. 1: Theorien und Methoden, Opladen 2001, S. 225-260.

Dies., Wahr-Zeichen des Geschlechts. Das Geschlecht als Ort diskursiver Technologien, in: Lösch, Andreas / Schrage, Dominik / Spreen, Dierk / Stauff, Markus (Hg.), Technologien als Diskurse, Heidelberg 2001, S. 167-183.

Dies., Archäologie und Genealogie, in: Kleiner, Marcus S. (Hg.), Michel Foucault. Eine Einführung in sein Denken, Frankfurt/M. 2001, S. 27-39.

Dies. u. a. (Hg.), Das Wuchern der Diskurse. Perspektiven der Diskursanalyse Foucaults, Frankfurt/M. 1999.

Dies./Hanke, Christine/Seier, Andrea, Der Gesellschaftskörper. Zur Neuordnung von Kultur und Geschlecht um 1900, Frankfurt/M. 2000.

Derrida, Jacques, Politik der Freundschaft, Frankfurt/M. 2000.

Dosse, François, Geschichte des Strukturalismus, Bd. 1: Das Feld des Zeichens 1945-1966, Hamburg 1996.

Foucault, Michel, Die Ordnung der Dinge, Frankfurt/M. 1971.

Ders., Archäologie des Wissens, Frankfurt/M. 1973.

Ders., Überwachen und Strafen. Die Geburt des Gefängnisses, Frankfurt/M. 1976.

Ders., Der Wille zum Wissen. Sexualität und Wahrheit, Bd. 1, Frankfurt/M. 1977.

Ders., Dispositive der Macht, Berlin 1978.

Ders., Das Subjekt und die Macht, in: Dreyfus, Hubert L./Rabinow, Paul, Michel Foucault. Jenseits von Strukturalismus und Hermeneutik, Frankfurt/M. 1987.

Ders., Was ist Kritik?, Berlin 1992.

Ders., Technologien des Selbst, in: ders. u.a., Technologien des Selbst, Frankfurt/M. 1993.

Ders., Leben machen und sterben lassen, in: Lettre International, Heft 20, Berlin 1993, S. 62-67.

Ders., In Verteidigung der Gesellschaft. Vorlesungen am Collège de France (1975-76), Frankfurt/M. 1999.

Ders., Les Anormaux. Cours au Collège de France 1974-1975, Paris 1999.

Frank, Manfred, Was ist Neostrukturalismus?, Frankfurt/M. 1983.

Habermas, Jürgen, Der philosophische Diskurs der Moderne, Frankfurt/M. 1983.

Hegel, Georg Wilhelm Friedrich, Phänomenologie des Geistes, Frankfurt/M. 1975.

Honnegger, Claudia, Die Ordnung der Geschlechter. Die Wissenschaften vom Menschen und das Weib, 1750-1850, Frankfurt/M. 1991.

Honneth, Axel, Kritik der Macht. Reflexionsstufen einer kritischen Gesellschaftstheorie, Frankfurt/M. 1985.

Jäger, Siegfried, Kritische Diskursanalyse. Eine Einführung, 2., überarb. und erw. Aufl., Duisburg 1999.

Kay, Lily E., Who Wrote the Book of Life? A History of the Genetic Code, Stanford 2000.

Kutschmann, Werner, Der Naturwissenschaftler und sein Körper. Die Rolle der »inneren« Natur in der experimentellen Naturwissenschaft der frühen Neuzeit, Frankfurt/M. 1986.

Link, Jürgen, Versuch über den Normalismus. Wie Normalität produziert wird, Opladen 1997.

Mauss, Marcel, Soziologie und Anthropologie, Bd. 1 und 2, Frankfurt/M. 1989.

Nietzsche, Friedrich, Genealogie der Moral, in: ders., Sämtliche Werke. Kritische Studienausgabe, hg. von Colli, Giorgio/Montinari, Mazzino, München 1967-77 und 1988; Neuauflage 1999.

Rheinberger, Jörg, Von der Zelle zum Gen. Repräsentationen der Molekularbiologie, in: ders. u.a. (Hg.), Räume des Wissens, Berlin 1997, S. 265-279.

Rittner, Volker, Handlung, Lebenswelt und Subjektivierung, in: Kamper, Dietmar/Rittner, Volker (Hg.), Zur Geschichte des Körpers, München/Wien 1976, S. 13-66.

Sarasin, Philipp, Mapping the body. Körpergeschichte zwischen Konstruktivismus, Politik und »Erfahrung«, in: Historische Anthropologie, 7. Jg., Heft 3, 1999, S. 437-451.

Schäffner, Wolfgang, Transformationen. Schreber und die Geschlechterpolitik um 1900, in: Bettinger, Elfi/Funk, Julika (Hg.), Maskeraden. Geschlechterdifferenz in der literarischen Inszenierung, Berlin 1995, S. 273-291.

Vogl, Joseph/Schäffner, Wolfgang (Hg.), Über Hermaphrodismus. Der Fall Barbin, Frankfurt/M. 1998.

Zeittafel

1956	Judith Butler wird in Cleveland/Ohio geboren. Ihr Vater ist Zahnarzt, ihre Mutter engagiert sich, nach dem Studium der Wirtschaftswissenschaften, für die Rassenintegration. Aufgewachsen in einer jüdischen Familie, kommt sie schon früh mit philosophischen und theologischen Schriften in Berührung. Bereits mit vierzehn Jahren liest sie Spinozas Ethik, Schriften von Buber, Tillich, Locke, Montesquieu und anderen.
1974	Beginn des Studiums der Philosophie an der Yale-Universität, insbesondere Marx und Hegel, Heidegger, Kierkegaard, die Tradition der Phänomenologie, besonders Merleau-Ponty, und die Frankfurter Schule.
1978-79	Studium der Philosophie des deutschen Idealismus an der Universität Heidelberg bei Hans-Georg Gadamer und Dieter Henrich.
1982	Abschluss des M.A.-Philosophiestudiums an der Yale-Universität; Lehrtätigkeit an der Yale-Universität.
1983-85	Assistenzprofessur für Literatur an der Wesley-Universität.
1984	Dissertation über den Begriff der Begierde bei Hegel und seine Rezeption in der französischen Philosophie des 20. Jahrhunderts (Hyppolite, Sartre). Die Arbeit trägt den Titel: *Recovery and Invention: The Projects of Desire in Hegel, Kojève, Hyppolite, and Sartre.*
1985	Butler veröffentlicht einen Aufsatz mit dem Titel *Geist ist Zeit: French Interpretations of Hegel's Absolute* (in: Berkshire Review, 1985).
1985-86	Butler erhält ein Postdoc-Stipendium am Zentrum für Humanwissenschaften der Wesley-Universität.
1986-89	Assistenzprofessur für Philosophie an der George-Washington-Universität.

1987	Veröffentlichung der Dissertation unter dem Titel *Subjects of Desire. Hegelian Reflections in Twentieth Century France.* Mitglied der School of Science, Institute of Advanced Studies in Princeton.
1988	Essays über feministische Theorie.
1989	Butlers einflussreiches Buch *Gender trouble. Feminism and the Subversion of Identity* erscheint. Es folgen Veröffentlichungen über feministische und psychoanalytische Theorie.
1989-91	Assistenzprofessur für Humanwissenschaften an der Johns-Hopkins-Universität.
1991-94	Professur für Humanwissenschaften an der Johns-Hopkins-Universität.
1992	Die deutsche Übersetzung von *Gender trouble, Das Unbehagen der Geschlechter*, erscheint. Butler veröffentlicht gemeinsam mit Joan W. Scott *Feminists Theorize the Political*.
1993	Butler erhält eine Professur für Rhetorik an der Universität Berkeley, Kalifornien.
1994	Professur für Rhetorik und vergleichende Literaturwissenschaften an der Universität Berkeley.
1995	*Feminist Contentions: A Philosophical Exchange* (mit Seyla Benhabib, Drucilla Cornell und Nancy Fraser). Deutsche Übersetzung von *Körper von Gewicht. Die diskursiven Grenzen des Geschlechts*.
1997	*Excitable Speech. A Politics of the Performance* und *The Psychic Life of Power: Theories of Subjection* erscheinen.
1998	Judith Butler erhält den Maxine-Elliot-Lehrstuhl für Rhetorik und Vergleichende Literaturwissenschaften an der Universität Berkeley. Schwerpunkte: kontinentale Philosophie des 19. und 20. Jahrhunderts, Literatur, Sozial- und Kulturtheorie, politische Philosophie, französische Philosophie des 20. Jahrhunderts, deutscher Idealismus (Hegel und zeitgenössische Theorie), moderne Rhetoriktheorien, Psychoanalyse; feministische Theorie, Frauen- und Geschlechterforschung, Studien zur Sexualität. Deutsche Übersetzung von *Haß spricht. Zur Politik des Performativen*.
1999	Guggenheim-Stipendium.
2000	Schriften zur politischen Theorie. *Contingency, Hegemony,*

Universality: Contemporary Dialogues on the Left (gemeinsam mit Ernesto Laclau und Slavoj Zizek). Auseinandersetzung mit einem normativen Begriff von Familie und Verwandtschaft in der Beschäftigung mit der Antigone-Thematik: *Antigone's Claim: Kinship Between Life and Death*.

2000-01   Rockefeller-Stipendium an der Princeton-Universität.

2001   Auseinandersetzung mit dem Verhältnis von Begierde, Anerkennung und Subjektwerdung in *Politics and Kinship. Antigone for the Present*, deutsche Übersetzung: *Antigones Verlangen: Verwandtschaft zwischen Leben und Tod*.

Psyche der Macht. Das Subjekt der Unterwerfung erscheint.

2002   Butler wendet sich am Beispiel philosophischer und literarischer Texte (Nietzsche, Foucault, Kafka, Benjamin) dem Projekt einer Theorie des moralischen Subjekts und der Kritik moralischer Gewalt zu.

Hannelore Bublitz, geb. 1947, 1966-1972 Studium der Soziologie, Philosophie und Psychoanalyse in Heidelberg und Frankfurt, gegenwärtig Professorin für Soziologie an der Universität Paderborn. Arbeitet vor allem zur diskursiven Konstitution von Gesellschaft, Körper und Geschlecht. Zahlreiche Veröffentlichungen zur poststrukturalistischen Gesellschafts-, Geschlechter- und Diskurstheorie, u.a.: Foucaults Archäologie des kulturellen Unbewußten (1999); Der Gesellschaftskörper (zus. mit Christine Hanke und Andrea Seier, 2000).

In der Reihe »Zur Einführung« im Junius Verlag bisher erschienen:

Thomas Hobbes
von Wolfgang Kersting

Max Horkheimer
von Rolf Wiggershaus

Edmund Husserl
von Peter Prechtl

William James
von Rainer Diaz-Bone/ Klaus Schubert

Karl Jaspers
von Werner Schüßler

C.G. Jung
von Micha Brumlik

Immanuel Kant
von Jean Grondin

Sören Kierkegaard
von Konrad Paul Liessmann

Lawrence Kohlberg
von Detlef Garz

Heinz Kohut
von Ralph J. Butzer

Konfuzius
von Xuewu Gu

Jacques Lacan
von Gerda Pagel

Emmanuel Lévinas
von Bernhard H.F. Taureck

John Locke
von Walter Euchner

Niklas Luhmann
von Walter Reese-Schäfer

Jean-François Lyotard
von Walter Reese-Schäfer

Niccolò Machiavelli
von Quentin Skinner

Karl Mannheim
von Wilhelm Hofmann

Karl Marx
von Flechtheim/Lohmann

Maurice Merleau-Ponty
von Christian Bermes

Conrad Ferdinand Meyer
von Andrea Jäger

Michel de Montaigne
von Peter Burke

Thomas Morus
von Dietmar Herz

Friedrich Nietzsche
von Wiebrecht Ries